最高の結果を出す

目標達成の全技術

Goal Achievement

How to Get the Best Results

Jun Mitani

三谷淳

日本実業出版社

はじめに

この本は、「どうやったら目標を達成できるか」をお伝えする本です。

ただ、お伝えしたいのはそれだけではありません。


「年初に目標は立てるのだけど、すぐに飽きてしまう」

「途中で計画が狂うと、心が折れてあきらめてしまう」

「上から目標を言われても、どうせ無理だろうと考えて本気になれない」

こんな経験はありませんか？

もし、あなたがそんなことを考えていたとしても大丈夫。この本を読んでいただければ、きっと目標を達成できるようになります。


少しだけ私の話をさせてください。

私は、小学校のときにはわずか8か月の受験勉強で有名私立中学に合格し、大学3年生のときに、最難関の国家試験といわれる司法試験に最年少で合格しました。現在は多数の顧問企業をかかえる弁護士法人に加え、税理士法人、コンサルティング会社と合計3つの法人の代表を務めさせていただいています。

そんな経歴を見て「どうせ何をやってもできるんでしょ」「目標が達成できない人の気持ちなんて、どうせわからないだろう」などと言われることがありますが、決してそんなことはありません。

なぜなら、目標を立てても達成できなかったことのほうが多かっただけでなく、失敗や挫折もたくさん味わったからです。

部活や趣味でスポーツや音楽に挑戦しましたが、どれもうまくいきませんでした。特に高校時代に入部した水泳部時代は、目標達成どころか練習がきつくていやでいやでたまらず、どうやったら練習をサボれるかばかり考えていました。

当然、大会に出ても結果が出るはずもなく、「もっと速く泳げるようになりたい」「次はこのタイムで泳げるようになりたい」という気持ちにすらなれませんでした。

弁護士として独立したときも同じでした。最年少で司法試験に合格し、「すごい、すごい」とちやほやされて天狗になっていたので、独立すれば顧客も増えて、自分の収入も上がっていくだろうと自信満々だったのですが、実際の結果はまったく違うものでした。

顧客は増えず、お仕事をいただけるお客様が1社増えては1社解約の繰り返し。1か月の売上が10万円に満たないこともありました。

すっかり自信を失い、自分のプライドを守るために、「お客様が悪い」「スタッフが悪い」と結果が出ないことを他人のせいにする始末でした。


結果が出ない自分を受け入れられずイライラする毎日を送っていたときに出会ったのが、稲盛和夫氏でした。京セラやKDDI（現在のauの運営会社）を創業し、経営破綻した日本航空を再生させたカリスマ経営者です。

私は稲盛氏が主宰する勉強会に参加させていただき、多くのことを学びました。

中でも驚いたのは、同じ勉強会で学ぶ先輩経営者たちが次々と高い目標をクリアして会社を大きくしているだけでなく、その会社の社員さんたちも一人ひとりが明確な目標を持ち、いきいきと仕事をされていたことでした。

結果が出ずに半ばあきらめ、半ばやけになっていた自分とは大違いなのです。

私は次々と目標をクリアし、会社をグングン成長させていく人たちを見て、ある共通点があることに気がつきました。

詳しくは本文でお伝えしますが、目標を達成する人たちは、達成までの道のりを、

・第1ステップ「目標を設定する」

・第2ステップ「実行計画を作る」

・第3ステップ「計画を実行する」

という3つのステップに分け、それぞれのステップで特徴的な考え方や行動をしているのです。

振り返ってみると、中学受験や司法試験など、私がうまく目標をクリアできたときは、偶然にも同じような考え方や行動をしていました。逆に、高校時代の水泳や独立したころの仕事の進め方など、結果が出なかったときには、3つのステップのどこかに必ず大きな問題があったことがわかりました。

私は、このことに気づいてから、達成上手に共通する特徴をまとめてメソッド化し、日々の仕事に取り入れてみました。すると、弁護士法人のお客様はわずか3年で3倍以上に増え、国内トップクラスの顧問契約数を誇る法律事務所に成長することができました。

また、現在では、税理士法人、コンサルティング会社も立ち上げ、法律だけでなく、会計、戦略、モチベートなど、多方面から企業の発展のお手伝いをさせていただくグループ企業に発展しました。この目標達成メソッドを体系化する前には想像できなかったことばかりです。

また、このメソッドを私のお客様にも積極的にお伝えするようになり、嬉しいことにサポートした企業がそろって目を見張るような成長をとげ、次々と新規上場を果たすようになりました。

さらに私は、日本経営心理士協会で心理学について勉強させていただく機会に恵まれ、組織心理士という認定もいただきました。

目標を達成する人の心の動きや、目標達成が苦手な人はどのようなことに気をつければいいかを体系的に知ることができ、このメソッドに論理的な裏付けを得てますます自信を深めました。

しかし、私が、この目標達成メソッドを直接お伝えできるお客様の数には限りがあります。そこで、より多くの方に目標を達成するための秘訣と目標を達成する喜びを知っていただきたいと思い、書かせていただいたのが本書です。

上手に目標を達成するためには3つのステップそれぞれに、誰にでもできるちょっとしたコツがあります。もちろん、気合いや根性、つらい努力やガマンは一切必要ありません。

コツさえつかんでしまえば、売上予算の達成やプロジェクトの成功といった仕事上の目標だけでなく、ダイエットをしたい、ゴルフで100を切りたい、異性にモテたいといったプライベートの目標も達成できるようになります。

自分だけでなくチームでの目標も達成できますし、部下や子供の目標の達成をサポートすることもできるようになります。

そして、私が本書で本当にお伝えしたかったことは、「目標を達成したとき」より「目標を立てているとき」のほうが楽しいということです。

実は人には無限の可能性があります。

目標を達成するくせがつくと、「自分にはもっとすごいことができるのではないか」とワクワクし、さらに成長した自分を想像しながら次の目標を立てるのが楽しくなります。目標を立てる楽しさに気づくと、毎日がハッピーになります。

もっと言うと、人生が変わります。

大げさだと思うかもしれませんが、本当です。

この本が、目標を立てるワクワク感や達成する喜びを感じるきっかけになったとしたら、著者としてこんなに嬉しいことはありません。

2019年6月吉日

三谷淳

最高の結果を出す 目標達成の全技術◎もくじ

第1章 達成上手に共通する3つのステップ

第2章 目標は「やりたいこと」に設定するだけ！

第3章 ゴールから逆算すれば、必ず達成は見えてくる

第4章 決めたらあとは、やり抜くだけ！

第5章 一生使える「目標達成脳」の作り方

第6章 チームで目標を達成するためのリーダーの心得

装丁／中村勝紀（TOKYO LAND）
本文DTP／一企画
企画協力／ネクストサービス株式会社　松尾昭仁

第1章

達成上手に
共通する
3つのステップ

Goal Achievement
How to Get the Best Results

1・1

「目標」から逃れられない時代がやってきた

「目標」を目指すのは人間だけ！

あなたには、いま、「目標」はありますか？

目標を達成するために、毎日どのようなことに取り組んでいますか？


「今月こそ売上100万円を達成したい」

「会社をあげて取り組むプロジェクトのメンバーに入りたい」

といった仕事上の目標。


「夏までに3キロ体重を落としたい」

「お金を貯めて家族で海外旅行に行きたい」

といったプライベートの目標。

「今期はとなりの部署に営業成績で勝ちたい」
「この会社を5年以内に上場させたい」

といったチームの目標。

私たちのまわりにはいつも目標があふれかえっています。そして、「どうしたら達成できるか」と悩み、「達成できた」と喜んだり、「うまくいかなかった」と落ち込んだりしています。

「今月も、また予算未達で終わりそうだ。上司にどのように説明しようか？」
「そもそも、何でこんなノルマを課せられなければならないんだ！」

などと、うまく目標をクリアできないことが続くと、「もっと自由に仕事がしたい」「目標なんてなければいいのに」と考えてしまうこともあります。

考えてみれば、自ら目標を設定し、これをクリアしようと頑張っている動物は、地球上できっと人間だけでしょう。

サバンナで生活するライオンが、「今日は3頭のシマウマを捕獲しよう」などと目標を立てているなど聞いたことがないですし、飼い主と一緒に散歩をしている犬も「今月は先月より頑張ってマーキングして縄張りを広げよう」などとは考えていないはずです。

目標達成には「コツ」がある

人間がいつの時代から目標を立てるようになったのかはわかりませんが、たとえばピラミッドを建てた古代エジプトの王や、天下を統一した豊臣秀吉などは、自ら大きな目標を打ち立て、部下（奴隷や家来）とその目標を共有して一大事業をなしとげたはずです。

ビジネスの世界に毎年の目標と実行計画というマネジメント手法を取り入れたのは、有名なアメリカの経営学者であるピーター・ドラッカーだと言われています。

現在では、仕事と目標設定は切っても切れない関係になっていると言っていいでしょう。

わが国では、かつての高度経済成長期は、人口もGDPも飛躍的に増え、何も考えず、特別な工夫をしなくても、ある意味普通にしていれば給料が上がり、満足感を得られる時代でした。

しかし、少子高齢化、人口減少、財政破綻危機などの問題に直面し、国際競争力が低下した現在では、どの企業も努力をしなければ生き残れなくなっています。

ですから、私たちビジネスマンにとっては、大きなミスさえしなければ自然と給料が上がる時代は終わりを告げ、いつも目標を設定し、達成することが求められるようになっているのです。

少し厳しい言い方をすると、これからの時代は目標達成が上手な人が評価され、収入が増え、満足感も得やすくなると言えます。その割には、多くの人にとって、目標設定の仕方を論理的に学んだり、達成までのアクションプランの作り方を体系的に教わる機会がありません。

その結果、毎年元旦に「今年こそはダイエットするぞ！」と一年の抱負を語るのに体重は増加し続けたり、「今月こそは新規契約を10本取るぞ！」と宣言したのに未達が続いてしまったりして、「自分には気合いが足りない」「自分には才能がない」などと落ち込んでやる気を失ってしまうのです。

実は、たくさんの「達成上手」の先輩を見て気づいたことなのですが、目標を達成する方法にはコツがあります。

そのコツさえ身につけてしまえば、次々と設定した目標をクリアできるようになります。

一度達成した目標は次の日から「当たり前」となり、もっと高い目標をクリアしたいと思うようになります。そして、会社からもお客様からも評価され、家族や友達からは尊敬されるようになります。もちろん、収入もやりがいもアップして、毎日が楽しくなるにちがいありません。

ぜひ、あなたも達成上手の仲間入りをしてください。

I・2

目標達成に必要なたった3つのこと

「楽観的に構想し、悲観的に計画し、楽観的に実行する」

それでは、いよいよ私の目標達成メソッドをお伝えしていきます。

目標達成までの道のりを3つのステップに分けるのですが、やっていただきたいのは各ステップで1つずつ、あわせて3つのことだけです。しかも、難しいものはありません。誰にでもできることばかりです。

その3つとは、

- **第1ステップ「目標を設定する」＝達成できる目標を設定する**
- **第2ステップ「実行計画を作る」＝達成できる実行計画を作る**
- **第3ステップ「計画を実行する」＝達成するまでやり抜く**

この3つです。

「何だ、こんなの当たり前じゃないか！」と思われるかもしれませんが、怒らないでください。

確かに当たり前のことばかりなのですが、この3つを守れていれば、いつでも目標はクリアできたはずなのです。

逆に言えば、過去に目標がクリアできなかった経験がある人は、そのとき3つのうちのどこかのステップがうまくいかなかったということになります。

ほんの一部の天才を除いて、「いつでも目標クリアなんて簡単だよ」と言う人はほとんどどいません。目標を達成するのが苦手な人でも、自分は3つのステップのうちどこでつまづきやすいのかを知り、どこを意識すれば解決できるのかを知ることができれば、達成確率を驚くほど上げることができます。

まずは、目標設定から達成までの全体像を理解してもらうために、ここでは3つのステップの基本的な考え方や、典型的な失敗例をお伝えします。
そして、それぞれのステップの詳しい手法や根拠などは、第2章以降でお伝えすることにします。

3つのステップでは順番に、対照的な思考方法をとります。

・**第1ステップ「目標を設定する」では「ポジティブ思考」（何でもできると考える）**
・**第2ステップ「実行計画を作る」では「ネガティブ思考」（不測の事態まで想定して慎重に考える）**
・**第3ステップ「計画を実行する」では「ポジティブ思考」（絶対できると信じて実行する）**

となります。

これを稲盛氏は、有名な京セラフィロソフィの中で、

「**楽観的に構想し、悲観的に計画し、楽観的に実行する**」

と言っています。

「このぐらいできちゃうといいな」という目標を設定する

まず「第1ステップ」は、達成できる目標を設定することです。

達成できる目標とは、簡単に達成できる安易な目標、誰でもできるイージーな目標という意味ではありません。

むしろ、高い目標を設定したほうが、ワクワクし、本気になれるので達成に近づけます。誰でも、好きなことには一生懸命になり、没頭できるからです。

たとえば、私の中学生の娘は英語が嫌いで、試験では簡単な英単語のスペルも間違えますが、アイドルグループ欅坂46の大ファンで、当然、「欅」は漢字で書くことができます。

私の小学生の息子も一緒です。算数の問題を解いているとすぐにかんしゃくを起こしますが、歴史が大好きで、難解な戦国武将や城の本を何度も繰り返し読んで、すぐに覚えて

しまいます。

あなたも、趣味に熱中したことがないでしょうか。推理小説にはまって、翌朝寝不足でつらくなるとわかっていても、ついつい夜中まで読みふけったような経験があると思います。このようにワクワクすることを目標にすれば、自然と頑張れるのです。

人間には無限の可能性があります。ですから**目標は、「楽観的に構想」して高く設定することが大切**です。低すぎる目標は本気になれないので、かえって達成の確率を下げてしまうのです。

この第1ステップでつまずいてしまう人の多くは、目標とスローガンを混同してしまっています。

「今期は部下を育てる」「今週は子供に優しくする」「今年こそダイエットする」などと宣言するのですが、「どうなったら部下が育ったと言えるのか?」「どうすれば子供に優しくしたことになるのか?」「どうなったらダイエットが成功なのか?」という定義づけがありません。

ゴールがあいまいなので、達成できたかどうか判別できません。このようなかけ声はスローガンにすぎず、標語やモットーのような役割にしかなりません。

目標設定の具体的な方法については、第2章で詳しく説明します（55ページ）。

逆算で積み上げる「アクションプラン」が一番大事！

次の「第2ステップ」は、達成に向けた「実行計画」（アクションプラン）を立てることです。

ときどきこの第2ステップを飛ばして第3ステップへ、つまりすぐに行動に移してしまう人がいます。

実は、これも目標達成に失敗するパターンの1つなのです。

たとえば、「今年こそダイエットだ！　5キロやせるぞ！」と目標を立てたとします。勢いだけで目標を立て、初日は食事を半分に減らして頑張ったものの、3日目には空腹に耐えられずドカ食いをしてしまった、などというのが典型例です。これにはアクションプランがまったくありません。

アクションプラン作りの基本は、2つの徹底的な逆算思考です。

1つは「**時間的**」**な逆算**です。

たとえば、「3か月で5キロ体重を落とすために、残り1か月の時点で4キロくらい落ちていなければならないな。だとすると最初の1か月で2キロ減を達成しよう」といった中間目標の設定や、「そのために最初の1週間は体の基礎代謝や食べ物のカロリー計算についての本を読もう」といった「マイルストーン」の設定がこれにあたります。

マイルストーンとは、小さな締め切りのようなものです。ゴールから逆算して、これをいくつも設定し、1つずつクリアしていくことで目標に近づいていくのです（104ページ）。

もう1つは「**分野的**」**な逆算**です。

たとえば、1か月で1キロ体重を落とすために、摂取カロリーを1日あたり200キロカロリー抑えるという分野と、消費カロリーを1日あたり300キロカロリー増やすという分野に分けることをブレイクダウンといいます（111ページ）。

具体的には、ブレイクダウンした分野ごとに「1日の摂取カロリーを2000キロカロリー以内にする」「消費カロリーを増やすため週に1回筋トレをする。週に2回ジョギングをする」といったアクションプランを立てることになります。

この**アクションプランを立てるときに最も大切なのは、「悲観的に計画する」こと**です。

アクションプランは、計画はすべて順調に進むということを前提にして作ってしまいがちですが、実際にはいろいろと不測の事態が発生します。

たとえば、3か月で5キロやせるというダイエットの目標を立て、「ダイエット期間中はお酒を飲まない」「週に2回ジョギングをする」というアクションプランを作ったとします。

ところが、実際はお客様から「一緒に飲みに行こう」と誘われ、さすがに「いまはダイエット中なのでお酒が飲めません」とは言えず、計画が狂ってしまったりするのです。

また、ジョギングの計画も、風邪を引いてしまったとか、雨の日が続いて走れなかったなどという理由で、予定どおりに進められないことは珍しくありません。

ですから、すべてが理想どおりには進まないということまで計画に織り込んで、「週に2回はお酒もＯＫ。ただし、そのうち1回はお付き合い程度にとどめる」とか、「ジョギングができなかったときは、プールで泳ぐか食事を控える」といった代替案のあるアクションプランを作る必要があります。

とにかく、この**第2ステップでは緻密に慎重に、よほどのことがない限り目標が達成で**

きるに違いないと思えるまで、アクションプランを考えます。このことを稲盛氏は「見えてくるまで考え抜く」と表現しています。

アクションプランをどのように作ればよいのかは、第3章で詳しくお伝えします（103ページ）。

「行動」にフォーカスして気楽に実行していく

そして、目標達成の「第3ステップ」は、達成するまでやり抜くことです。

この**ステップでは、再び楽観的になって、「自分なら必ずできる」という自信を持ち、毎日明るく前向きな気持ちで計画を実行していくのがポイント**です。

あなただけでなく、人は誰でも、いざ目標に向かって実行に移すとき、「本当に達成できるだろうか」と弱気な考えが頭をかすめ、不安になります。

しかし、なぜ人は不安を感じるのかという脳のメカニズムを知っておけば、心配な自分にも対応することができるようになります。

まず最初に知っておいていただきたいのは、「**結果は選べない、行動は選べる**」ということです。

目標達成に必要な３つのこと

第１ステップ「目標を設定する」

＝達成できる目標を設定する

↓

第２ステップ「実行計画を作る」

＝達成できる実行計画を作る

↓

第３ステップ「計画を実行する」

＝達成するまでやり抜く

たとえばあなたが、あなたの会社のサービスを営業して年間３０００万円という売上目標を達成したいと考えたとしましょう。

その売上が達成できるかどうかの「結果」は、お客様がサービスを買いたいと思ってくれるかという相手の決断次第なので、あなたにはコントロールできません。

コントロールできないからこそ、あなたは不安を感じるのです。

一方で、自分の行動は自分でコントロールすることができます。毎月20人と名刺交換をしようとか、毎週３人に自社のサービスをおすすめしようといった行動は、自分の行動次第で必ずクリアすることができます

そこで、実行段階では、「結果」ではなく「行動」にフォーカスするようにします。

簡単・確実にできることから始める

ポイントは、簡単にクリアできるアクションプランから実行していくことです。

目標を立てて、達成に向けていざスタートしたのに、すぐにうまくいかないことが続くと、モチベーションはガタ落ちし、一気にやる気を失ってしまいます。

ですから、計画をスタートさせた直後は、いきなりハードルの高いことに取り組むのではなく、確実にクリアできる計画から手をつけるようにするのです。

たとえば、営業の目標であれば、飛び込み営業をするより、知りあいにメールでセミナーのお知らせをするほうが、ずっとハードルが低いはずです。

飛び込み営業を何日も続けた結果、1件も契約が取れないと心が折れてしまいますが、知りあいに出したメールから1件でもセミナーに参加したいと返事をもらえれば、あなたのテンションも少し上がるはずです。

テンションが上がってくれれば、もう少し高いハードルにもチャレンジしてみようと前向きになれます。ですから、いくつかのやるべきこと（タスク）があるときは、気乗りがするものから実行するとよいのです。

もちろん、計算上は必ずゴールにたどり着けると考えて作ったアクションプランでも、実行していくうちにうまく進まないことは少なくありません。

たとえば、「新しいウェブサイトを作れば毎週5件くらい問い合わせがあるだろうと想像していたのに、実際は1件しか問い合わせがなかった」というように、計画したプランどおりに実行しても結果につながらなかったケースです。

このようなケースでは、中間目標やマイルストーンを設定し直し、アクションプランにあれこれと微調整を加えながらゴールに向かう必要があります。

設定した目標や策定した計画を修正しながら目標に向かって進んでいく方法については、第4章で詳しくお伝えします（145ページ）。

また、ゴールまでの期限が長い場合や、最初の段階で思ったような結果が出ないような場合に、目標達成をあきらめずにやり抜けるよう、モチベーションをコントロールする方法についても第5章でお伝えいたします（185ページ）。

まずは、

- **第1ステップ「目標を設定する」＝ポジティブ思考（何でもできると考える）**
- **第2ステップ「実行計画を作る」＝ネガティブ思考（不測の事態まで想定して慎重に考える）**
- **第3ステップ「計画を実行する」＝ポジティブ思考（絶対できると信じて実行する）**

の3つを頭に入れておいてください。

1・3 目標達成できる人とできない人のたった1つの違い

「心理的な負荷」によって分けられる３つのゾーン

私は、これまでにお客様や勉強会の仲間たちで、次々と高い目標をクリアしていく人たちをたくさん見てきました。

- 年々売上を増やし、５年で会社を5倍に成長させた経営者
- 上場すると宣言し、準備期間わずか3年で上場を果たした経営者
- ３年連続で社内トップの営業成績をあげた生保会社の営業マン
- 社会人になってからゴルフをはじめ、忙しく働きながら県大会で優勝した会社員
- 20キロのダイエットに成功し、そのうえボディビル大会で入賞までしたお医者さん

など、例をあげれば、きりがありません。

このように、高い目標を次々とクリアしていく人たちは、もちろん目標達成の3つのステップを「楽観的に構想し、悲観的に計画し、楽観的に実行して」いるのですが、もう1つ、決定的な共通点があります。

それは、**いつも「ストレッチゾーン」の中にいて、その状態を楽しんでいる**ということです。

少し詳しく説明しましょう。

人にはそれぞれ、安心に感じる行動エリア、快適に感じる行動パターンがあり、これを心理学の用語で**「コンフォートゾーン」**（安心快適領域）と呼びます（37ページ図）。

- **毎日同じ時間に通勤する**
- **与えられた仕事を黙々とこなす**
- **住み慣れた家に帰宅する**
- **毎年変わらない年俸を受け取る**

といった状態がコンフォートゾーンの典型例です。

このコンフォートゾーンを一歩出た状態が、**「ストレッチゾーン」**（ラーニングゾーン）と呼ばれるエリアです。

- **新しいプロジェクトを任されて、これまでとは違う仕事の仕方をしなければならない**
- **引っ越しをして新しい地域になじまなければならない**
- **職場のリーダーに抜擢されて年収が１・５倍に急増した**

などという状態です。

コンフォートゾーンを出てストレッチゾーンに入ると、人はストレスを感じます。

さらに、このストレッチゾーンより外のエリアを**「パニックゾーン」**と呼びます。

- **会社をクビになった**
- **言葉が通じない国に突然転勤を命じられた**
- **病気やケガで仕事が続けられなくなった**

といった状態です。

このゾーンに入ると、人は文字どおりパニックに陥り、どのように行動すればいいか、すぐには考えられなくなります。

「ストレッチゾーン」が目標達成のキモ

ここでお伝えしたいのは、**人はコンフォートゾーンにいるよりも、ストレッチゾーンにいたほうが作業効率が上がり、高いパフォーマンスを発揮できる**ということです。

期限に余裕がある仕事だと散漫になってしまい、なかなか良いものに仕上げられないのに、期限が迫っている仕事だと集中力が増し、短時間でいいものに仕上がったという経験が、あなたにもあるのではないでしょうか。

「火事場の馬鹿力」という言葉があるように、何も刺激がない安心で安全な領域にいるより、多少のストレスがある状態に置かれたほうが作業効率が上がることは、マウスを使った実験でも科学的に証明されているそうで、人間だけでなく多くの動物に共通した習性なのです。

「目標を立てたけど、なかなか実行計画が進まない」「毎朝早起きをすると決めたのに、なかなか起きられない」という状態は、コンフォートゾーンから抜け出せずにいることが

「心理的な負荷」による３つのゾーン

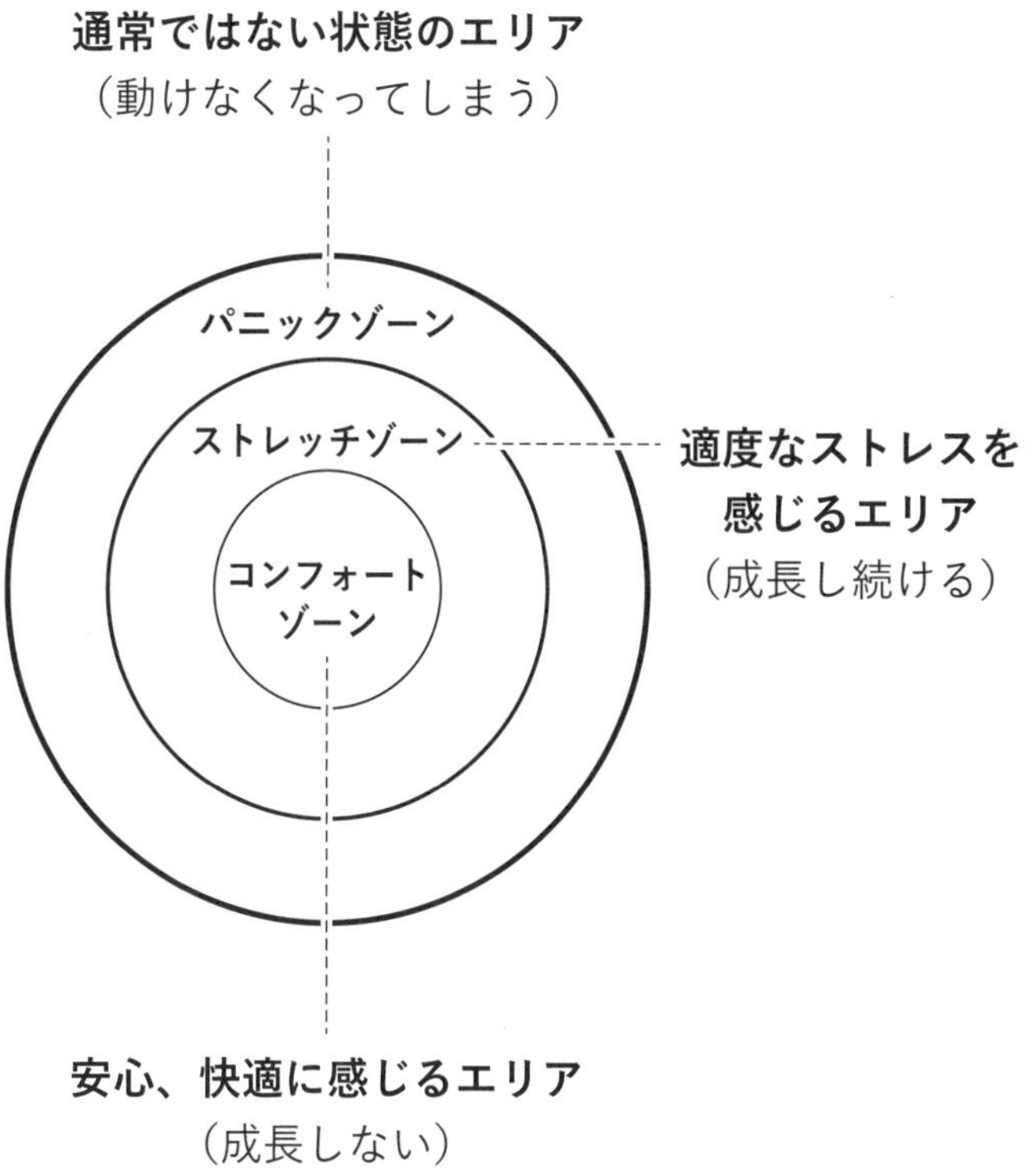

原因になっている可能性があります。

目標達成が苦手な人は、いままでに経験したことがないような高い目標を設定することに不安を感じたり、これまで長年続けてきた生活や仕事のスタイルを変えることにストレスを感じ、ついついコンフォートゾーンの中で毎日を過ごしてしまいます。

一方、次々と高い目標をクリアしていく人は、「本当に達成できるかな？」と思うような高い目標をかかげ、サボることができないようなアクションプランを自らに課すことでストレッチゾーンに身を置き、高いパフォーマンスを発揮しているのです。

このように、**目標達成が上手な人と苦手な人の違いは、前者はいつもストレッチゾーンにいるのに対して、後者はいつもコンフォートゾーンにいる**という、この1点につきるのです。

そして、コンフォートゾーンの広さというのは人によって決まっているのではなく、経験によって広がっていきます。

最初は難しいと感じていたことも、慣れてくると当たり前になってきます。

たとえば、初めて自転車に乗る練習をしたときや、免許を取るために自動車教習所に通いはじめたときはとても緊張したと思いますが、いまでは何のストレスも感じずに自転車や自動車に乗っているというのが良い例です。

目標達成について考えるときにも、簡単にできることを目標としてしまうとコンフォートゾーンから抜け出せず、逆に達成の確率が下がってしまいます。

しかし、高すぎる目標はパニックゾーンの領域に入ってしまい、思考が停止して行動が伴いません。適度なストレスがかかるストレッチゾーンの目標や行動計画を設定し、これをクリアすることで、次はこれが当たり前となり、さらに高い目標が達成できるようになるのです。

ストレッチゾーンにいるということは、苦労もするけど成長できるということですね。

I・4 目標達成をはばむ「現状維持バイアス」の壁

なぜ、ストレッチゾーンになかなか入れないのか

高い目標を立ててストレッチゾーンで努力をすると、人は成長していき、当たり前にできることが広がります。

そして、さらに高い目標にチャレンジすることができるという好循環を作り、次々と目標をクリアしていけるようになります。

しかし、頭では「ストレッチゾーンに行くべきだ」とわかっていても、なかなか行動が変えられないと思いませんか？

実際、私にも苦い経験がいくつもあります。

特にいまでも忘れられないのが、高校時代の水泳部での挫折です。

当然、泳ぐのが速くなりたいと思っていたのですが、いざ入部してみると、毎日の練習がきつくてすぐに逃げ出したくなりました。

ストレッチゾーンで自分を成長させようという考えにはほど遠く、練習をしているフリをしてコーチの目を盗み、いかにしてサボるかばかりを考えていました。タイムも伸びず、大会で目立った結果をあげられなかったのはもちろんのこと、最後は選手ではなく選手のお世話係として部活動を終えました。

他にも、「失敗したら恥ずかしいから高い目標は口にできない」「ダイエットはしたいけど、どうしても甘いものがガマンできない」「早起きして勉強すると決めたのに、いざアラームが鳴っても布団から出られない」といったこともありました。

後から知ったことなのですが、私に限らず、ストレッチゾーンに入りたいと思っても実際にはなかなか入れないのは、意志が弱いからでも情熱が足りないからでもないのです。

ストレッチゾーンの前に「**現状維持バイアス**」という強敵が高い壁となって立ちはだかり、コンフォートゾーンに追い返そうとしているからだったのです。

変化を恐れる心理が行動にブレーキをかける

耳慣れない言葉なので、少し詳しくお話ししましょう。

現状維持バイアスとは、変化を避けようとする人の心理作用で、**変化することにより利益が得られる可能性があっても、変化を恐れて行動を起こさないという習性**のことを言います。

つまり、人間の脳は、新しいことをして得られることよりも、新しいことをして失うことのほうを過大に評価するようにできていて、なるべく変化のない選択をするようにプログラムされているということです。

たとえば、

A　無条件で1万円をもらえる
B　じゃんけんで勝てば3万円もらえるが、負けると何ももらえない

という二者択一を迫られたとき、（理論的な期待値はBのほうが得なのに）多くの人はAを選択します（勝つか負けるかの二択なので、Bの期待値は3万円の2分の1＝1万5

000円）。

逆に、

C　1万円を罰金として支払わなければならない

D　じゃんけんで勝てば罰金は免除となるが、じゃんけんで負けると3万円を支払わなければならない

という選択では、（理論的な期待値はCのほうが得なのに）Dを選択する人が増えるのです。

これから手に入れられるかもしれないこと（失うかもしれないこと）よりも、すでに手に入れているものを大切にしようとするので、日常生活の中では、

・職場に不満があっても、なかなか転職できない
・恋人同士で長くつきあうと、不満があってもなかなか別れを切り出せない
・逆に、恋人同士が長年交際していても、なかなか結婚に踏み切れない
・ずっと挑戦してみたいと思っているスポーツがあるが、なかなか手を出せない

・ダイエットしたいのに、ついつい間食をやめられない

といったことが起きるのです。そして、

・給料は低いけど、自分には合っているし大きな不満ではない
・いまの相手は完璧ではないけれど、別れてももっといい人と出会える保証はない
・結婚すると楽しいかもしれないけど、いろいろと制約も生まれそうだ
・いまは忙しいから、また時間ができたときに考えよう
・今月は宴会が多いから、ダイエットは来月からにしよう

などと自分に言い聞かせ、無意識のうちに変化や新しい挑戦をブロックしているのです。

もともと、現状維持バイアスは人間に備わっている生存本能、防衛本能です。「いままでこのやり方で死ななかったのだから、このやり方を続けられる限り、新しいことは取り入れずこのやり方を続けよう」と考えたほうが、生命の危険から身を守れる可能性が高まります。だから、新しいことに尻ごみするのは種の保存のために自然なことだったのです。

しかし、**新たな目標を達成したいときにはこの現状維持バイアスが、目標達成の行く手**

をはばむ最大の敵になります。

現状維持バイアスという壁を上手に乗り越えるためには、「目標を公言する」「仲間を作る」など、いくつかコツがあります。

詳しいことは次章以降でお伝えしていきます。まずは現状維持バイアスという強敵がいることを知っておいてください。

1・5 目標は達成できなくても格好悪くない

目標を達成している人ほどうまくいかないことも多い

もう一つ、お伝えしておきたいことがあります。

それは、**目標は達成できなくても格好悪くない**ということです。

みなさんも、上場企業が決算を下方修正したという新聞記事を目にしたことがあるのではないでしょうか。

そもそも「目標を立てて、計画を実行したら、すべてが予定どおり順調に達成できました」などと、簡単にいくことばかりではありません。

高い目標であればなおさらです。

予定が狂ってしまった場合には、達成までの道のりを考え直して、計画を修正すればいいのですし、それでも達成が難しければ、目標自体を立て直せばいいのです。予定が狂ってしまった場合のアクションプランの修正方法や目標の見直し方については、第４章で詳しくお話しします（145ページ）。

意外に思うかもしれませんが、**高い目標を達成している人ほど、数多くの失敗をしています**。昨年、新規上場を果たしたA社のK社長も、実は過去に二度上場に失敗していて、今回が三度目の挑戦でした。念願がかない、上場パーティーでは晴れやかなお顔をされていました。

また、J社のW社長も、上場直後に98％減益という下方修正を発表して機関投資家から批判を浴びたそうですが、それもエネルギーに変えて業績はV字回復を果たし、さらなる高みへ成長を続けています。

このように達成上手な人たちは、失敗を恐れず高い目標を立ててストレッチゾーンで毎日を過ごしています。

そして、立てた目標に届かなかったときは、「何が悪かったのか？」「どうすれば今度は成功か？」を考えてすぐに再チャレンジをします。つまり、とにかく行動が早く、高速でＰＤＣＡサイクルを回しているのです（156ページ）。

目標は達成できなくても、いいことしかない

一方で、目標達成が苦手な人は、そもそも自分で目標を立てたり、自分の目標を口に出すことが苦手です。高校時代の私は、このパターンの典型でした。

なぜ目標を立てたがらないかというと、目標を公言したら達成できないと恥ずかしいとか、格好悪いという見栄や思い込みがあるからなのです。この見栄が邪魔をして、現状維持バイアスの壁をなかなか越えられないのです。

第5章でもお話ししますが、新しい行動を決断するときにはストレスを感じて迷います

が、**行動した後にその決断を後悔することは、まずありません。**

試しに、次の2つの質問の答えを思い浮かべてみてください。

①あなたはこれまでに、自分の意思でチャレンジを決め、精一杯取り組んだものの、目標としていた結果を出すことができず、いまでも後悔していることがありますか？

②あなたはこれまでに、チャレンジしようか悩んだ結果、行動をしなかったことで、いまでも後悔していることがありますか？

おそらく、激しい後悔は②から起きるのではないでしょうか。

「あのとき、彼女に告白しておけばよかった」という後悔は一生引きずります。

でも、勇気を出して告白して、その結果あっけなくフラれてしまっても、告白したことを後悔しないものなのです。

そもそも、あなたが目標を設定する目的は、何でしょうか？

「目標を設定する以上は、達成することが目的だよ」と思われるかもしれませんが、本当の目的は達成そのものではないはずです。

目標達成を妨げる壁

現状維持バイアス

↓

できないと格好悪い
いまのままで十分

でも

**目標が達成できなかったとしても
いいことしかない**

↓

必ず変わることが何かある

・体重を5キロ減量する（かっこいい自分になる）
・営業成績でトップを取る（ボーナスをもらって家族旅行に行きたい）
・会社の売上を2倍にする（自社の製品でたくさんのお客様に喜んでもらいたい）

など、「いまより良い自分になる」「誰かに喜んでもらう」「社会の役に立つ」といった目標を達成することで得たいものがあるのです。

そして実は、目標自体を達成できなかったとしても、得られることがあります。

・目標の5キロ減には届かなかったけれど、体重が4キロ落ちてお腹周りもスッキリし、自分に自信が持てるようになった
・営業成績はトップになれなかったけど、頑張りが認められて会社からボーナスをもらい、家族を旅行に連れていけた
・売上は2倍にはならなかったけど、お客様が飛躍的に増えてお客様から感謝され、従業員もやりがいを持って働いてくれるようになった

といった具合です。

つまり、**目標に向けて精一杯取り組めば、達成できてもできなくても、いいことしかあ**

りません。成功の反対は失敗ではなく、「行動しないこと」だからです。

目標は考えているときが一番楽しい

高い目標を次々と達成していく人たちは、いつでも自分に何かの目標を課していますし、常に次の目標を考えています。それはなぜだかわかりますか？

それは、**目標は立てるときが一番楽しい**からです。

「え、目標達成したときが最高に楽しい瞬間じゃないの？」と思うかもしれませんが、そうではありません。誤解を恐れず言うと、むしろ達成上手ほど、立てた目標を自分が達成したかどうかにあまり興味を持っていません。

つまり、ストレッチゾーンで常に自分を成長させようとする人たちは、過去に設定した目標が達成できそうだと感じた瞬間に、その目標には興味を失い、次のさらに高い目標を設定してゴールの数字と期限を更新してしまいます。

また、設定した目標の達成がどうしても難しいとわかったときにも、新たに修正した目標を設定して期限とともに更新してしまうのです。

こうやって達成上手たちは、「頑張れば今度はこんなことが達成できてしまうのではないか」と想像し、計画する瞬間を楽しんでいるのです。

いざ、ストレッチゾーンへ。
こんな変化を体験できます。

・現状維持バイアスの壁があるので、チャレンジの決断にはストレスがかかります。
・チャレンジをしないとあとあと後悔することがあります。
・逆に、チャレンジをする決断をすると、実は成功しても失敗しても後悔しません。
・現状維持バイアスの壁を乗り越えた先のストレッチゾーンには、あなたのモチベーションを上げる刺激がたくさん用意されていて、自然と高いパフォーマンスが発揮できるようになります。
・ストレッチゾーンにいると、日々「当たり前にできること」が増えて成長を実感でき、毎日が楽しくなるので、もうコンフォートゾーンに後戻りできなくなります。

何も心配することはありません。あなたも高い目標をかかげ、ストレッチゾーンに足を踏み入れてください。

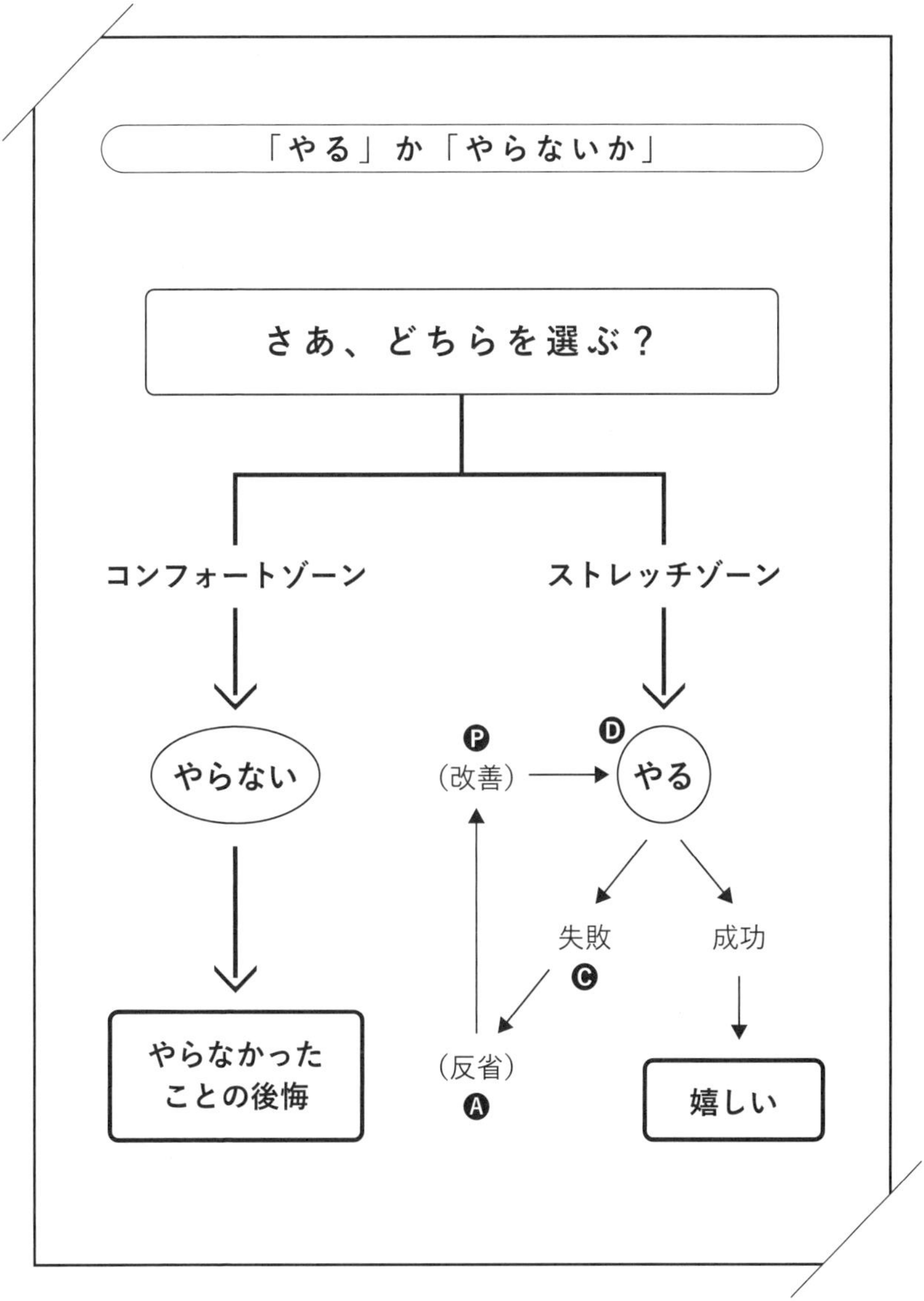
「やる」か「やらないか」
さあ、どちらを選ぶ？
コンフォートゾーン
ストレッチゾーン
やらない
やらなかったことの後悔
P
（改善）
D
やる
失敗
成功
C
（反省）
A
嬉しい

第1章
達成上手に共通する3つのステップのポイント

1　**目標達成に必要なたった3つのこと**

→第1ステップ「目標を設定する」＝達成できる目標を設定する

→第2ステップ「実行計画を作る」＝達成できる実行計画を作る

→第3ステップ「計画を実行する」＝達成するまでやり抜く

2　**「行動」にフォーカスする**

3　**簡単・確実にできることから始める**

4　**「ストレッチゾーン」に入るのが目標達成のキモ**

5　**変化を恐れる「現状維持バイアス」の壁を越える**

6　**達成できなくても格好悪くない**

7　**達成できなくてもよいことしかない**

第2章

目標は「やりたいこと」に設定するだけ！

Goal Achievement
How to Get the Best Results

2・1

「やってみたい!」とワクワクする目標の作り方

「できる数字」ではなく「やりたい数字」

目標達成のための、まず最初のステップは「達成できる目標」を設定することです。

私は、これまでたくさんの方の目標達成をサポートさせていただきましたが、目標クリアが苦手な人の8割は、この最初のステップに改善点がありました。

逆に、このステップさえうまく設定できるようになれば、目標達成は一気に近づきます。

それほど目標を設定する最初のステップは大切です。

「目標達成は設定が8割」と覚えておいてください。

ポイントは、何といっても「ポジティブ思考」です。自分は何でもできるのだという前提で、目標をクリアする姿を想像し、ワクワクしながら考えることが重要です。

たとえば、上司に「来期の売上目標を考えてほしい」と言われたとき、あなたならどのような目標を立てますか。

「苦労するのは嫌だな」「達成できずに怒られたくない」「未達で恥ずかしい思いをしたくない」などと考えて、つい「そこそこの努力で達成できそうな数字」を目標にしてしまう人がいます。

一見すると、**高い目標よりも手頃な目標を設定したほうが達成確率が高まるように思いますが、実は逆なのです。**

なぜなら、人間の脳には、「自分が本当にやりたいことしか頑張らない」とインプットされているからです。要するに、人はやりたいことしかできない生き物だということです。

高い目標を達成している人や、大きな成功を成し遂げた人は、まわりから忙しく頑張っているように見えたり、すごく苦労しているように見えますが、実は自分のやりたいことに熱中しているだけです。

苦労はしていますが、やらされているとはまったく感じていません。

誰でも、やりたいことには熱中したことがあるでしょう。

たとえばあなたが小学生のときに熱中したことは、何でしょうか？

「先生から出された宿題」という人はいないと思います。「ドッジボール」「秘密基地作り」「ゴム跳び」。そんなことで頭がいっぱいになり、夢中になっていたのではないでしょうか。

もし、上司に言われて嫌々目標を立てたとしても、これでは、先生から出された宿題を嫌々やっている小学生と同じ状況になってしまいます。

ですから、立てる目標は、自分がワクワクする、できるだけ高いものに設定しなければならないのです。

このことを私は、

「できる数字」ではなく「やりたい数字」

と呼んでいます。これが達成できる目標設定のコツになります。

心のブレーキを外すたった1つのコツ

もっとも、「できるだけ高い目標をかかげるべき」だと頭で理解できても、「自分にはそこまでの才能がないし、そんなにすごいことはできないはずだ」「自分にできるのはせいぜいこの程度のはずだ」と勝手に自分の心にブレーキをかけてしまうことがあります。

現状維持バイアスが襲ってきて、ストレッチゾーンへ進むことをはばもうとするのです。ここで、「趣味や家族との時間もほしいから仕事はそこそこでいい」「おいしいものが食べられないくらいなら、やせられなくても仕方ない」などと考えて自分を納得させてしまうのは、現状維持バイアスの思うつぼですから、気をつけてください。


心にブレーキをかけてしまうのは、それまでの失敗した経験や挫折した体験が「やればできる」という勇気の邪魔をしているからです。

失敗や挫折の経験がない幼稚園児は、将来何になりたい？　と聞くと、「世界一のサッカー選手になりたい！」「ケーキ屋さんになりたい！」「将棋の名人になりたい！」「億万長者になりたい！」などと、目を輝かせて堂々と将来の夢を答えてくれます。子供たちは自分の心にブレーキをかけることはないのです。

ところが、大人になると「学生時代の成績が悪かった」「野球部に入って、自分よりうまいやつがたくさんいることを知った」「同僚にお客様の心をつかむ営業の天才がいる」など、「上には上がいる」と感じ、勝手に自分の立ち位置を決めてしまうのです。

心のブレーキを外すためには1つのコツがあります。

それは、**目標を設定するときに「どうやるか？」を考えない**ということです。

もしあなたが、あらゆるものを持っている全能の人だとしたら、どんなことを成し遂げたいかをまず考えてみてください。

「あなたには時間が無限にある」「あなたにはお金が無限にある」「あなたには才能が無限にある」、そのような前提でワクワクする目標を考えるのです。

目標を考えようとすると、同時にそれをどうやって達成しようかと考えることは自然なことなのですが、「何を達成するか」と同時に「どうやるか？」を考えてしまうと、「やりたいこと」ではなく「やれること」ばかりが頭を占拠してしまい、楽観的な構想ができなくなってしまいます。

子供が「世界一のサッカー選手になりたい」「ケーキ屋さんになりたい」「将棋の名人になりたい」と夢を語るときに、「どうやったらプロのサッカー選手になれるのか」「ケーキ屋を開店するためにはいくら必要か」「将棋の名人になるにはどのような勉強が必要か」などとは考えていません。

稲盛氏は、京セラフィロソフィの中で**「新しいことを成し遂げられる人は、自分の可能性を信じることのできる人だ」**と伝えています。

これまでの過去の経験だけで「できる、できない」を判断してしまっては、新しいことや高い目標の達成などできるはずがありません。

何かをしようとするとき、まずは、人間の能力は無限であり、強い願望を持って努力し続ければ、自分にも無限の可能性があると信じることが大切です。

飛行機を発明したライト兄弟も、最初はきっと「どうしたら人を乗せて空を飛べる物体を設計できるか」ではなく、「人が空を飛べたらきっと楽しいだろうな」と考えていたに違いありません。

最初から「どうやって」を考えてしまうと、「いままで人間は誰も空を飛んでいないけど、自分なら飛べるだろう」とは思えず、心にブレーキをかけてしまいます。

周囲の人たちはライト兄弟を見て「空を飛ぼうなんてあいつは頭がおかしい」と言ったのではないでしょうか。ライト兄弟は無限の可能性を信じ、人間も空を飛べるはずだと考えられたからこそ、飛行機を発明することができたのです。

あなたがどんなに高い目標を設定しても、それが不可能だと証明できる人はいません。

いままでの自分ではできなかったとしても、これからもできない理由にはなりませんし、これまで誰もできなかったということも、できない理由にはなりません。

心からワクワクすることを目標に設定したほうが達成確率が上がるのですから、まずはできるだけ高い目標を設定してみてください。

2・2 「達成している人」に相談しよう

相談すると達成の確率が跳ね上がる

ワクワクする目標を設定するために大切なことがもう1つあります。それは、誰かと相談しながら目標を考えるということです。

もちろん自分一人で目標を考えてもよいのですが、友人や先輩など、あなたのことをよく知っている第三者に相談することで、良い目標、ワクワクする目標、達成しやすい目標が設定でき、達成確率を上げられることがあります。

他人に相談しながら目標を設定すると効果がある理由は、３つあります。

①ワクワクして楽観的になれる

人の脳というのは、誰か他の人と話をしたり、一緒に行動をすると楽しく感じる性質を持っています。ですから、未来の目標も、**自分一人で考えるより、誰かと一緒に考えたほうがワクワクして単純に楽しくなり、楽観的に考えることができるようになります。**

たとえば、もし仕事が休みの日に、あなたが一日中部屋にこもって誰とも話をしなかったら、どんな気分になるでしょうか。少し気分が落ち込むか、イライラした気分になるのではないでしょうか。

人は、誰とも話をしない状態が何日も続くと精神的におかしくなってきます。留学や海外赴任などで言葉の通じない国に行くとホームシックにかかることがあるのは、会話ができないことによるコミュニケーション不足が原因なのです。

逆に、ちょっと嫌なことがあっても、大体のことはそれを人に話して聞いてもらっただけでスッキリしたりします。

人に聞いてもらうだけでは、問題は何も解決していないのですが、それでも「また明日から頑張ろう」と思えるのは、脳が「あの人に共感してもらえた」と感じ、モチベーションが上がるからなのです。

ですから、目標を設定するときは、できれば一人ではなく誰かと一緒に、日中であれば甘いものを食べながらとか、仕事が終わってからであれば軽くお酒を飲みながら、これから達成したい目標を一緒に考えてもらうといいでしょう。

もちろんお酒を飲みすぎて酔ってしまったら、良いアイデアは出ないので気をつけてください。

②自分で気づかない可能性に気づかせてもらえる

誰かに相談しながら目標を設定するとよい2つ目の理由は、一人では気づかないことを相談相手が気づかせてくれるからです。

左ページの図はサンフランシスコ州立大学の心理学者ジョセフ・ルフトとハリ・インガムが発表した対人関係における気づきのグラフで「ジョハリの窓」と呼ばれています。

ジョハリの窓

	自分でわかっている	自分はわかっていない
他人にわかっている	**①開放の窓** 他人も自分も わかっている **open self**	**②盲点の窓** 他人はわかっているが 自分はわからない **blind self**
他人はわかっていない	**③秘密の窓** 自分だけが わかっている **hidden self**	**④未知の窓** 自分も他人も わからない **unknown self**

彼らは、自らの認識を、
①自分にも他人にもわかっている領域（開放の窓）
②他人にはわかっているが自分にはわかっていない領域（盲点の窓）
③自分にはわかっているが他人にはわからない領域（秘密の窓）
④自分にも他人にもわかっていない領域（未知の窓）
の4つの領域に分けました。中でも注目していただきたいのが、②「盲点の窓」です。

よく言われることですが、**自分のことを一番わかっていないのが自分**です。人は、自分の足りないところや欠点を自分では気づきにくいのと同じように、自分の長所や得意分野についても自分では正確に認識できません。自分のことだと、それが当たり前だと考えているからです。

たとえば、尊敬している先輩や、一目置いている友達から「お前なら絶対売上○○円は達成できると思うよ」などと言われたら、それだけでモチベーションが上がり、やる気になるのではないでしょうか。

そして、モチベーションが上がるだけでなく、他人から「お前ならできる」と言われると、人は本当に何だかできそうな気がしてくるのです。

最初は「そんなこと、できるはずがない」と思っていたのに、いつの間にか「自分にもできるはずだ」と考えるようになります。

無意識のうちに「自分は○○円の売上を達成できる人間である」と信じられるようになり、自然と堂々とした態度をとるようになり、結果もついてくるようになります。

このように、根拠のない思い込みであっても、信じることにより態度が変わり、そのとおりの結果が出ることを心理学の用語で「自己成就的予言」（予言の自己成就）と言います。

③目標達成に協力してもらえる

誰かに相談しながら目標を設定したほうがいい３つ目の理由は、相談相手があなたの目標達成を応援してくれたり、協力をしてくれることです。

たとえば、自動車ディーラーの営業マンであるあなたが、尊敬する大学の先輩に自分の目標設定の相談に乗ってもらい、高い売上目標を立てたとします。

すると、その先輩が後日、車を買い替えようとしている友達を紹介してくれ、あなたの売上に協力してくれたりします。

このように、誰かに相談され、頼りにされるとつい一生懸命協力したくなるのは、「好意の返報性」という心理効果が働くからです。

恋愛相談を受けている間にお互いが好意を抱いて、それが恋愛関係に発展するといったパターンが好意の返報性の典型例です。

人から頼られると、脳はそれを喜びと感じ、その相手の期待に何としても応えようと行動する習性があるので、信頼できる人には積極的に相談を持ちかけてみてください。

達成している人に相談する

ワクワクする目標を設定するために大切なことが、もう1つあります。それは、相談相手を間違えないことです。

せっかく相談したのに否定的な意見を言われたり、消極的なアドバイスをされたのでは良い目標設定はできず、むしろ逆効果になってしまうからです。

たとえば、いま勤めている会社を辞めて独立起業するという目標を考えているとしましょう。

このようなケースでよくある失敗例は、家族に相談することです。

奥さんに「失敗したらいまの生活はどうなるの？」と心配されたり、父親から「独立なんてそんなに甘くないぞ」「せっかくいい会社にいるのだから、何も退職する必要はないのではないか」と反対されたりすると、ワクワクする目標設定とは正反対の雰囲気になってしまいます。

もちろん、奥さんもお父さんも、親身になってあなたの話を聞いています。

なぜ家族があなたの独立に反対するかというと、それはあなたの能力を信じていないとか、信用していないからではなく、独立した経験がないからです。独立した経験がない人には、独立の楽しさや上手に独立する方法がわからないのです。

目標を設定する段階でネガティブな意見や慎重になるべき要素など、できない理由ばかりを並べ立てられて、話の腰を折られてしまう危険があります（もちろん、妻が夫の独立を積極的に望んでいるケースや、父親も独立して事業をやっているような場合は、相談相手として悪くありません）。

ですから、**目標設定の相談相手は、「次々と高い目標を達成している人」「自分と同じような目標を楽々と達成している人」にするべき**です。

お客様を増やしたければ営業の上手な人、ダイエットをしたければダイエットに成功した人やたくさんの人をやせさせた実績のあるトレーナー、プレゼンを通したければプレゼンが上手な人に相談を持ちかけるようにしてください。

私が尊敬する営業コンサルタントのAさんは、営業職の会社員時代に、「社内トップの営業成績を取りたい」と上司に相談したところ、「売れてない先輩とは目を合わせるな」と助言されたそうです。何とその理由は「伝染《うつ》るから」。

ポジティブなことや夢のあることばかりを話す人と時間を共有するとワクワクしてきますし、逆にできない理由やグチ、人の悪口ばかり言う人と時間を共有すると、どんどんモチベーションが下がってきます。

間違っても来期の売上目標を設定するときに、「今期の売上が未達に終わりそうなメンバーで集まって反省会をしよう」などという誘いに乗ってはいけません。ワクワクする相手と楽しく目標を設定してください。

相談することのメリット

①ワクワクして楽観的になる
②自分の可能性に気づかせてもらえる
③協力してもらえる

↓

必ず「達成している人」に相談する

2・3 「夢」はなかなか叶わない「目標」はすぐに達成できる！

夢と目標が混ざるとうまくいかない

私は、「夢はなかなか叶わない。でも、目標はすぐに達成できる！」と考えています。それがなぜだかわかりますか？

それは、目標にあって、夢にないものが2つあるからです。

私は、コンサルタントとして、顧問弁護士として、税理士として、いろいろな会社の経営者や社員さんが目標設定をする場に立ち会わせていただく機会があります。もちろん、自分が経営する弁護士法人や税理士法人のメンバーとチームの目標を考えたり、メンバー個人の目標を一緒に立てたりすることもあります。

そのようなとき、できるだけみなさんがワクワクして楽観的に構想できるように、「まずはどんなことでも願えば叶うとして、みなさんの夢や目標をできるだけたくさん書き出してみてください」とお願いします。

60ページでもお伝えしましたが、このとき自分には才能がないとか、自分にはお金がないとか、自分には時間がないといった話は全部抜きにして、才能・お金・時間、その他あらゆる可能性があることを前提として考えてもらいます。

ぜひ、あなたも夢や目標を自由に考え、たくさん書き出してみてください。

このようなお願いをすると、次々と夢や目標が出てきます。たとえば、

「保険の売上で1億円プレーヤーになりたい」（保険営業マン）
「地域ナンバーワンの店舗を作りたい」（健康食品販売店舗責任者）
「社員満足ナンバーワンの会社にしたい」（清掃業経営者）
「横浜でイタリアンといえば、ウチのお店と言われるようになりたい」（イタリア料理店シェフ）
「店舗を50店に増やしたい」（ラーメン店経営者）
「同業者からうらやましがられる会社になりたい」（印刷業勤務）

また、仕事以外のお話が出ることもあります。
「異性にモテまくりたい」（20代男性）
「5キロダイエットしてスタイル抜群になりたい」（30代女性）
「社内のゴルフコンペで優勝したい」（40代男性）
「だんな様とラブラブの老後を過ごしたい」（40代女性）
「世界一周旅行をしたい」（50代男性）
といった具合です。

どのお話もキラキラしていてステキですし、実現すると嬉しいことばかりだと思います。

ただし、この話では、夢と目標がごっちゃになっています。

夢は夢のままで終わってしまうことが多いのですが、目標はしっかりとアクションプランを立てれば、実現する可能性が高くなります。

「検証できる」のが目標

そこで、目標にあって、夢にはない２つのことが大切になります。

何だと思いますか？


その**１つ目は、「検証可能性」**です。つまり、達成したかどうかを客観的に判断することができるかということです。

右の例でいうと、

「保険の売上で1億円プレーヤーになる」

「店舗を50店舗に増やす」

という仕事上の目標は、売上が1億円、店舗数が50店舗になれば達成、というように客観的に実現したかどうかを判断することができます。

「社内のゴルフコンペで優勝する」

「世界一周旅行をする」

といったプライベートの目標も、実現したかどうかを客観的に判断することができます。

一方で、

「地域ナンバーワンの店舗を作りたい」

「社員満足ナンバーワンの会社にしたい」
「横浜でイタリアンといえば、ウチのお店と言われるようになりたい」
「同業者からうらやましがられる会社になりたい」
といった話はどうでしょうか?

どうなったら「地域ナンバーワンになった」と言えるのか、どのような状態が「従業員満足ナンバーワン」なのかがはっきりしないので、実現したかどうかを判断することができません。

したがって、夢が叶う瞬間がないのです。

「イタリアンといえばウチ」「同業者からうらやましがられる」というのも、同じ理由で、達成したかどうかが客観的にわかりません。ですから、**夢を夢で終わらせず、実現したい目標に変えるためには、少し手を加えて検証ができるようにする**のです。

たとえば、
「世田谷区の健康食品販売店でナンバーワンの売上を達成する。そのために売上10億円を目指す」

「平均給与４００万円超、有休取得率70％以上の会社にして、社員満足を向上させる」

「横浜・イタリアンのカテゴリーで食べログの口コミランキング１位の店になる」

「印刷業としては常識破りの利益率20％を達成して同業者を驚かせる」

とすれば、検証不可能だった夢が、検証可能な目標に置き換わります。

「異性にモテまくりたい」「ダイエットしてスタイル抜群になりたい」「だんな様とラブラブの老後を過ごしたい」といった夢も同じです。

「彼女を作る」「体重を10キロ落とす」「だんな様と毎年２回、旅行に行く」など検証可能な目標にすれば、一気に実現の可能性が高まります。

「期限」をつければ目標になる

そして、**目標にあって夢にないもう１つの大切なものが「期限」です。**

私の知る限りでは、「いずれこうなりたい」と言った人の「いずれ」がやってきたためしがありません。いずれは永遠にやってこないのです。

「いずれはダイエットしたい」「いずれは年収１０００万円を達成したい」と思っても、具体的に行動をどう変えればよいかのイメージが湧いてこないので、現状維持バイアスに負けて行動を後回しにしてしまいます。

一方で、「3か月で3キロ体重を落とす」「35歳までに年収1000万円になる」などと達成の期限を設定すると、「明日からラーメンを大盛りにするのはやめよう」「昇進してもいまの会社では年収1000万円には届かないだろうから転職活動をしてみよう」などと、自然にどのように行動すればよいかを考えはじめます。

目標には達成期限をセットで設定しなければ、リアルに行動計画を考えることができないのです。

『夢に日付を！ 夢をかなえる手帳術』の著者である居酒屋チェーンワタミの創業者・渡邉美樹氏も著書の中で、人は締め切りがないと何もしない生き物で、大きな夢を実現するためには「日付を入れる」「期限を区切る」ことが大切だと伝えています。

同様に、売れっ子の小説家は口をそろえて「いい小説を書くために唯一必要なのは締め切りだ」と言います。

稲盛和夫氏も京セラフィロソフィの中で、高い目標を達成するためには「未来の一点で達成するということを決めてしまうことだ」と、期限の大切さを伝えています。

夢と目標は違う！

夢

- 地域No.1のお店に
- 社員満足No.1の会社にしたい
- 異性にモテまくりたい
- 横浜でイタリアンといえばウチと言われたい

目標

- 今年は売上１億円プレーヤーになりたい
- ３年で50店舗に増やしたい
- 夏までに５キロダイエット

→

◆検証できる
◆期限がある

そして、新しい目標はあえて、いまの自分の能力以上のものを設定し、未来の達成期限までに自分の能力を高めることだと教え、これを「能力を未来進行形でとらえる」と表現しています。

このように、目標設定には、

- **検証可能性（達成したかどうかが客観的に判断できる）**
- **達成期限（「いずれ」は永遠に実現しない）**

が必要です。

「いつまでに、何を達成する」をセットにして目標を設定してください。

2・4 達成期限に「曜日」を入れると成果が変わる

期限は１年以内、かつ最短に

設定する目標には、検証可能性と期限が必要ですが、この期限を上手に設定するコツをもう少し詳しくお伝えします。

目標の達成期限をいつにするかということは、とても大切です。

では、目標の達成期限はどれぐらい先に設定するのがよいのでしょうか。

答えは、**集中すれば達成できる最短の期間**です。

達成できる目標、達成の可能性が高い目標を作るためには、期限には余裕を持たせたほうがいいように考えてしまいがちですが、そうではありません。

期限までの期間が長すぎると、どうしても中だるみができたり、本気になれなかったり、ワクワク感が続かなかったりして達成の確率を下げてしまいます。

第1章でも述べたように、人は心地よいコンフォートゾーンにいるときは本気を出さず、成長もできません。適度な負荷をかけてストレッチゾーンに入ると、アドレナリンが分泌され、脳が覚醒して集中力も上がり、運動能力も高まるなど、自分の潜在能力を最大限に発揮できるようになります。

そこで、達成期限も自分がストレッチゾーンの中で頑張れる期限にします。

たとえば、小学生のころに出された夏休みの宿題を思い出してください。夏休み初日から全力で宿題に取り組んだ人はほとんどいないのではないでしょうか。

期限までに余裕がありすぎると、あまり負荷やストレスのかからないコンフォートゾーンにいるので「今日やらなくても、明日やればいいや」の繰り返しになり、宿題がはかどらないのです。

そして8月最後の週になり、登校日が近づいてくると「そろそろ宿題を仕上げないとヤバいぞ」と感じて自然とストレッチゾーンに入ります。

アドレナリンが分泌される効果でいわゆる「火事場の馬鹿力」が発揮され、脳が覚醒して集中力も上がり、一気に宿題を片付けることができます。

仕事上の達成期限を決めるときも同じことがいえます。

目標を次々と達成する人たちは、「この目標を達成するのに最短だとどれくらいでできるのだろうか」という発想で期限を考えています。

たとえば、ＴＯＥＩＣ（英語の検定試験）で７００点を取るという目標を設定するとします。その場合には、まず直近の試験の日程を調べ、その日まで勉強すれば間に合いそうなのか、間に合わないとすれば次の試験があるのはいつなのかを調べます。

自然とストレッチゾーンに入り、自分の潜在能力が最大限に発揮できる期限を設定するようにするのです。

また、**あまり期間が長すぎる達成期限を設定することも避ける**ようにします。期限までが長すぎると、日々の実行計画がリアルに想像できないからです。

たとえば、会社の売上を「10年で5倍にすること」を目標にしたとしても、では5年後にはどのような商品を売ってどのような売上になっているのかとか、10年後に社員が何人になっているのかといったことまでは具体的にイメージができないと思います。

ですから、どんな目標を立てるときも、達成期限は短めにするほうがよく、長くても1年以内の目標を立てるのがおすすめです。

大企業では中長期的な事業計画を立てることもありますが、稲盛氏は京セラを経営するにあたって長期の経営計画は必要ないと考えていました。

長期の計画を立てても必ず不測の事態が発生します。すると計画を修正しなければならず、むしろ士気の低下を招く危険があるとして、ずっと1年間だけの経営計画を立ててきたのです。

もちろん、長期にわたって高い目標をかかげ、努力を続けることは素晴らしいことです。しかし、そのような場合にも、たとえば1年ごとに期限を区切った目標も同時に設定すると達成の確率をさらに上げることができるはずです。

期限に「曜日」を入れると真剣度がググッと増す

目標の達成期限を決める際、あまり深く考えず、「今月中」「3か月後」「今年度内」などとしてしまう人がいます。

しかし、設定する期限はもっと大切に扱ってください。

私は尊敬する経営者のHさんから、**目標の達成期限を決める際には、年月日だけでなく曜日も確認して記入するとよい**と教えてもらいました。

達成すると決めた日が何曜日なのかを確認すると、実際に達成した喜びを誰と分かち合うかといったことまでリアルに想像することができますし、曜日を確認しながら期限までのスケジュール帳を見返すので、期限までに残された時間やその間の行動を瞬時にイメージしやすいなど、たくさんのメリットがあるのです。

この話を聞いてから、私も「達成期限には年月日だけでなく曜日を入れるとよい」とお伝えするようになりました。

すると、「簡単なことなのに、曜日を入れるだけで真剣に期限を扱うようになり、おかげで本当に目標が達成できるようになった」という話をたくさんいただくようになり、私自身も驚いています。

また、ワクワクする目標にするために、達成期限を特別な日に設定するのも達成確率を高める方法です。

半年後の自分の誕生日までにダイエットして5キロ体重を落とすという目標を設定すれば、スッキリとしたスタイルで誕生日を迎えることを想像してワクワクすることができます。また、達成できれば自分への最高の誕生日プレゼントになることは間違いありません。

2・5 たくさんの人が喜ぶ目標は最強

達成して喜んでくれる人を書く

「いつまでに、何を達成する」という目標を決めたら、次はその目標の達成確率を上げるためにブラッシュアップをしていきます。

その方法は、**「目標を達成したときに喜んでくれる人を書き出す」**ことです。

あなたが立てた目標を達成できたとき、あなた自身が嬉しいのは当然のことです。しかし、嬉しいのはあなただけではないはずです。ここでは、あなたの目標を達成したときに喜んでくれる人を想像し、できるだけたくさん書き出してみてください。

また、その人がなぜ目標達成を喜んでくれるのか、その理由も一緒に書き出してください。

たとえば、このような形です。

［不動産会社営業社員の目標］
今期の営業成績で戸建て物件仲介契約数の部署トップを取る

［喜んでくれる人とその理由］
部長：部の成績も良くなるし、ここまで自分を育ててくれ、成長した姿を見せられると一緒に喜んでくれると思うから
社長：たくさんの契約を取れると会社の利益となり、業績が良くなるから
お客様：希望の条件にぴったりの新居を探すお手伝いをすることで、お客様が幸福感に包まれてお引っ越しをできるから
妻：査定が良くなり、ボーナスがたくさんもらえて旅行にも行けるから

私であれば、このようなことを考えます。

［未来創造弁護士法人代表の目標］

今期、新たに50人の経営者と顧問契約を結ぶ

［喜んでくれる人とその理由］

一緒に働く社員：自社の売上と利益が伸びることによって、自分たちの給料も上がるし、会社の規模も大きくなり、ますますやりがいのある会社に成長できるから

契約いただいたお客様：未来創造チームとの出会いでお客様の会社の経営が伸びていくきっかけとなり、成長のきっかけとなるから

既存顧客：顧問先のお客様同士の交流により、それぞれの会社の取り組みや工夫を共有し合うことにより、さらに経営を伸ばす刺激やヒントを得られるから

現在とこれからの日本：それぞれの会社が経営を伸ばし、利益を増やすことによって税収がアップし、財政危機が回避され、持続可能な国を構築できるから

自分だけが喜ぶ目標より、たくさんの人が喜んでくれる目標のほうが、達成できる確率

はぐんと上がります。

「誰かのため」のほうが頑張れる

これには2つの理由があります。

1つ目の理由は、**自分のためより他人のためのほうが人は頑張れる**ものだからです。

たとえば、結婚したときに「これまで以上に頑張って妻（夫）を幸せにしよう」とか、子供が生まれると「子供のためにも、もっとたくさん稼げるようになろう」と思い、いままで以上に真剣に仕事をするようになったという話をよく聞きます。

「毎月100万円以上稼げるようになって高級マンションに住みたい」「でかい車に乗って、いい酒を飲めるように頑張る」など、「いい思いをしたい」という欲があるからこそ頑張れるのだという人がいます。

確かに、欲は自分を鼓舞するモチベーションになりますが、自分一人だけのための欲、すなわち私利私欲には限界があります。

自分の幸せだけのための目標は、苦しいときに自分の喜びだけをあきらめればいいということになってしまい、踏ん張りがきかないからです。

お客様からもらうお金よりも、「〇〇さんのおかげで本当に助かりました！　ありがとうございます」と言われたほうが何倍も嬉しかったという経験はありませんか。

稲盛氏は、「人はまず自分のことを第一に考えがちですが、実は誰でも人の役に立ち、喜ばれることを最高の幸せとする心を持っている」と言い、進んでまわりの人のために努力することを「利他《りた》」と呼んで何よりも大切にしています。

目標を設定するときにも、たくさんの人が喜ぶ利他の目標にするとよいのです。

「誰かのため」の努力には協力してくれる

そして、たくさんの人が喜んでくれる目標を設定すべきもう1つの理由は、**たくさんの人を喜ばせる目標には、たくさんの人が協力してくれる**からです。

稲盛氏は、たとえ強い願望であっても私利私欲に端を発したものは一時的には成功をもたらすかもしれないが長続きしないと言います。

いまのａｕの運営会社であるＫＤＤＩを設立するとき、稲盛氏が半年もの間「動機善な

たくさんの人が喜ぶ目標にする

喜んでくれる人を書き出す

- 誰かのためなら頑張れる
- 誰かのためなら協力してもらえる

りや、私心なかりしか」と毎日自問自答を繰り返し、その動機は名誉欲や事業欲にかられてのことではないか、本当に日本の通信料金を下げて日本国民のためになる立派なことをやろうとしているかを確認したという話はあまりにも有名です。

地球上ではこれまでにたくさんの生物種が絶滅を繰り返してきたのに、人類が生き残り、いまでも繁栄を築いていられるのは、互いに助け合い、協力する「利他の行動」をとれたからだといいます。

確かに、人類は他の動物と比べて力が強いわけでも、動くのが速いということもありません。しかし、互いに協力し合うという関係を作ったり、チームを作って役割分担をするのはとても上手で、これなしに生き残ることはできなかったと言っても過言ではありません。

つまり、人間の脳には「他人のために尽くすこと」「他人のために尽くす人には協力すること」がインプットされているのです。

「ベンチプレスで100キロを持ち上げたい」「日本百名山を踏破したい」など、趣味やプライベートの目標の場合は、個人的な喜びだけを目的にしてもよいのですが、特に仕事上の目標を設定する場合には、できるだけたくさんの人が喜ぶ目標を設定してください。どうしても達成したいという執念が自然に湧いてきて、まわりの仲間も協力をしてくれるようになり、現状維持バイアスの壁を越えてストレッチゾーンで頑張る楽しさを味わえるようになるはずです。

2・6 目標は高すぎてもダメ

やる気が出ない目標とは

ここまでに、上手な目標設定のポイントは「楽観的にワクワクする目標を考える」こと、人には無限の可能性があるのだから、「できること」ではなく「やりたいこと」を考えて、「できるだけ高い目標を設定する」べきだとお伝えしました。

しかし、「目標は高ければ高いほどいい」ということではありません。

実は、私には苦い経験があります。

私たちの会社では、毎年それぞれの弁護士が個人成績の目標を定めてコミットし、それぞれの目標を積み上げて合わせた数字がチームの目標となります。

私は、メンバー一人ひとりに「できる数字を言うな。やりたい数字を言おう！」とかけ声をかけ、できるだけ高い目標を設定してもらったのです。

全員が力を合わせて頑張って、こんなに高い目標が達成できたら最高に嬉しいな、と達成できたときを想像して、ワクワクしていました。ところが、1年経って期末の達成期限がくると、結果は未達者が続出。チーム目標にも遠く及びませんでした。

その原因は、ひと言で言うと「目標が高すぎたこと」にありました。

楽観的にワクワクする高い目標を立てるのは良いことなのですが、あまりにも達成の現実味が感じられない高い目標を設定してしまうと、期限がくる前から「どうせこんな目標は達成できるわけがない」と判断し、「どうやって達成しよう」ではなく、「どうせ達成できない」という考え方になってしまいます。

パフォーマンスも目に見えて低下し、無理だとあきらめ、チャレンジをやめてしまう負のスパイラルに陥りました。ストレッチゾーンではなく、処理できない大きな負荷がかかるパニックゾーンに入って思考が停止し、行動が伴わなくなる典型的パターンにはまってしまったのです。

それでも、期限がきたとき、それまで努力をしてきたことによって成長した自分を実感し、嬉しさや楽しさを感じられればよいのですが、高すぎる目標は「全然目標に届かなかった」と敗北感が残るだけになります。

目標を「数値化」して決める方法

このような高すぎる目標にしないためには、**立てた目標の難易度を一度数値化して検証してみること**をおすすめします。

あなたが保険の営業マンで、来期の売上目標を設定しようとしているとします。たとえば今期の売上が４００万円で、来期もこれまでどおり特別な努力や新しい取り組みをしなかったとしても同じぐらいの売上は上げられるだろうと考えているとすると、４００万円の難易度は０（新たな努力ゼロで達成できる目標）です。

一方で、人脈を増やす、保険の勉強をして商品知識を増やす、たくさんのアポを取る、営業スキルもアップさせるなど、考えられるあらゆる努力をして、さらに幸運にも恵まれたときに考えられる最高の結果を考えてみます。

仮にこの場合の売上が１０００万円だったとしましょう。だとすると、売上１０００万円を達成する難易度は１００（努力と運がマックスの状態）となります。

このように目標の難易度を数値化したとき、難易度が１００を超える目標は「高すぎる目標」になるので適当でありません。かといって、10とか20のレベルの目標は安易すぎてワクワクしませんし、本気になれません。

したがって、０と１００の間でできるだけ難易度の高いもの、具体的には自分で難易度が70～80かな、と感じるレベルの目標を設定すると、最後までワクワク感が持続し、達成の確率を高めることができます。

これは、ウエイトトレーニングをして筋肉をつける過程と似ています。

筋トレをするとき、簡単に持ち上げられるバーベルでは、何度持ち上げても、筋肉に与

目標を数値化してみる

難易度	売　上	
100	**1000万円**	……努力と運がマックス
80〜70	**700万円**	……適切な目標
0	**400万円**	……普通にできる

える刺激が足りずに、筋肉はなかなか大きくなりません（コンフォートゾーン）。

適度な負荷がかかる重さのバーベルを持ち上げることにより、筋肉はストレスを感じ、筋繊維が成長して筋肉が大きくなっていきます（ストレッチゾーン）。

そして、次には、もっと重いバーベルを持ち上げられるようになっていきます。

しかし、最初から重すぎるバーベルを無理して持ち上げようとすると、今度は負荷が大きすぎてケガをしてしまいます（パニックゾーン）。

「過ぎたるは猶《なお》及ばざるが如し」ですから、パニックゾーンに近いぎりぎりのストレッチゾーンを狙って目標を設定してみてください。

3か月前には目標を決めよう

最後に、目標を設定する時期についてお伝えします。

目標を設定したら、次は第3章で解説する「第2ステップ」で実行の計画を考えることになります。

この第2ステップは、あらゆる事態を想定しながら慎重にアクションプランを考える「悲観的に計画する」ステップです。

ここで、「あれ？　この目標は想像していたより難易度が高いぞ」「やっぱりこの目標はさすがにクリアできないのではないか」という事態が発生することがあります。

その場合には、もう一度設定する目標を考え直すことが必要になり、改めてアクションプランを決めて、いざ実行に移すまでにどうしても時間がかかってしまいます。

しかし、たとえば、

・来期の売上目標を決める
・20代最後の１年でやるべきことを決める
・夏までのダイエット目標を決める

といったチャレンジは、期限があらかじめ決まっているので、目標や実行計画を作るのに時間がかかったとしても、達成期限を後ろにずらすことができません。

ですから、構想を始めてから、目標が決まるまでには時間がかかるものと想定して、できるだけ早めに構想し始める必要があります。

毎年、自分が立てた目標を次々クリアしていく人たちには、目標設定について、ある共通点がありました。それは、次の年の目標を構想し始めるのが早いということです。

たとえば、3月末が決算の会社だと、多くの人は3月いっぱいはその年度の予算を達成することに追われ、翌期のことなどなかなか考えることができません。3月末か、期が改まった4月の頭になってはじめて、新しい期の目標を考えるのです。

しかし、このように、新しい期が始まってから立てる目標は、深い構想や綿密な計画がなく、「今期は未達だったから来期は同じ目標をクリアしよう」とか、「今期はこうだったから、来期は売上を10％増やせば上等だろう」といったものになりがちです。

私が経営のお手本にさせていただいている会社の一つであるP社では、決算の3か月前から次の期の予算作りをスタートさせます。楽観的に構想した後に綿密に実行計画を練り、目標が高すぎるとわかった場合にはもう一度楽観的な構想に戻りながら、3か月かけて目標を作り上げるのです。

このように、達成期限をずらすことができない目標の場合には、早く構想に着手するのが達成の確率を高めるコツになります。

さあ、ここまで、目標設定の方法についてお伝えしました。

・ワクワクする高い目標を設定する
・似たような目標を達成している人に相談する
・期限と検証可能性のある目標にする
・具体的で長すぎない期限を設定する
・達成したときたくさんの人が喜ぶ目標にする
・高すぎない目標にする

あなたの目標を、これらの条件をクリアするように設定すれば、かなり達成の確率が高くなっているはずです。では次章で、目標達成までの実行計画を作るステップについて紹介していきましょう。

第２章
目標は「やりたいこと」に設定するだけ！
のポイント

1　目標は「できる数字」ではなく「やりたい数字」に設定する

2　目標を設定するとき「どうやるか？」を考えない

3　「達成している人」に相談する
　→楽観的になれる
　→可能性に気づかせてもらえる
　→協力してもらえる

4　「検証」ができるようにし、「期限」を決める

5　達成期限に「曜日」も入れる

6　達成して喜んでくれる人を書き出す

第3章

ゴールから逆算すれば、必ず達成は見えてくる

Goal Achievement
How to Get the Best Results

3·1

逆算の基本は「マイルストーン」

超大事な中間目標（マイルストーン）

「いつまでに、何を達成する」というワクワクする目標が設定できたら、次は具体的な実行計画（アクションプラン）を作ります。

実行計画作りは、**徹底的にゴールから逆算して考える**ことから始めます。

逆算には、時間的な逆算（マイルストーン）と、分野ごとの逆算（ブレイクダウン）があります。

中でも、**時間的な逆算が基本**になります。

たとえば、3か月の期間で家を建てるという目標であれば、

・**最後の1か月で内装と外構を仕上げる**　→**とすると**

・中間の1か月で柱を立てて壁と屋根を作る　↓とすると
・最初の1か月で基礎工事を終える

などと逆算します。

このように、**目標の最終的な達成期限までの期間をいくつかに区切った節目節目で、あるべき状態を中間目標（マイルストーン）と呼びます。**

普段仕事をする際にも、「今週中にプレゼン資料を完成させなければいけないから、今日中にはここまでやっておかないと…」というように、仕事の期限と現在の進捗状況を比べながら、マイルストーンを頭に浮かべることがあるのではないでしょうか。

実行計画を作る際に、まずマイルストーンを考えるべき理由は2つあります。

1つは、**進むべき方向性をはっきりさせるため**です。

特に達成期限までの期間が長い目標の場合、中間目標がないと何から始めればよいかがわからず、間違った方向に進み始めてしまう危険性があります。

たとえば、「あなたの自宅からアフリカのキリマンジャロに行ってください」と言われても、まずどうすればいいのかイメージが湧かないと思います。

ところが、「キリマンジャロは、アフリカのタンザニアにあります。タンザニアには、ケニアのナイロビからプレシジョン航空で行くことができます。ナイロビには、タイのバンコクからケニア航空で行かれます。バンコクには、成田空港から直行便があります」と言われれば、キリマンジャロに行くためには成田空港から飛行機に乗り、2回乗り換えれば行ける、というイメージが湧きますよね。

このように、マイルストーンを置くことによって「まず成田空港に向かえばいい」という方向性をはっきりさせることができるのです。

ですから、マイルストーンは、あまり大ざっぱに置いても、あまり細かく置きすぎてもうまくいきません。達成期限までの期間を3つから8つくらいに区切って設定します。

もっと身近な例でいうと、3キロの距離も走ったことがない人が、いきなり半年後にフルマラソンを完走しようと思っても、まず何をすればいいのかがわからず、戸惑ってしまいます。

半年後から順番に逆算して、「フルマラソン（42・195キロ）当日の1か月前（5か月目）には30キロを走れるようになっておきたいな。するとその1か月前（4か月目）までに20キロ走れることを目指そう。そのためには、練習を始めて3か月目に15キロ、2か月目には10キロ、1か月目で5キロ走れるようになりたい…」などと考えていきます。

そして、最初の1週間は基礎体力を作るため、30分のウォーキングから始め、徐々に歩く時間を長くしていって、60分間歩き続けられるようになるのが2週目の中間目標だ、などと決めることができ、今日やるべきことが明確になります（109ページ図）。

クリアすることでやる気が維持できる

マイルストーンを考えるべきもう1つの理由は、**中間目標をクリアすると気分がいいので、次のマイルストーンに向かってモチベーションを維持しやすい**ことです。

たとえば、半年後のマラソン大会に向けて体力をつけるという目標を立てても、先が長すぎて気が滅入ってしまうかもしれません。

しかし、30分歩き続けられた、60分歩き続けられた、3キロのジョギングができた、5キロのジョギングができたと、中間目標をクリアしていくことでゴールに近づいていることが実感でき、また次のマイルストーンまで頑張ろうと思うことができます。

多くの会社では、売上目標を1か月ごと（月次）や3か月ごと（四半期）に分けて中間目標としているように、年間目標の達成確率を高めるためにマイルストーンを置くマネジメント手法は一般的になっています。

1年の期間をかける目標であれば毎月の中間目標を、1か月の期間をかける目標であれば毎週の中間目標を設定するとよいでしょう。

たとえば、「5か月で体重を5キロ落とす」というダイエットの目標を決めた場合、

1か月目　2キロ減
2か月目　1キロ減
3か月目　1キロ減
4か月目　0・5キロ減
5か月目　0・5キロ減

というように、1か月ごとのマイルストーンを決めます。

注意してほしいのは、「5か月で5キロのダイエットだから毎月1キロずつ落とせばいい」とは限らないということです。減量の場合、始めた当初は比較的簡単に体が絞れていくの

マイルストーンを置く

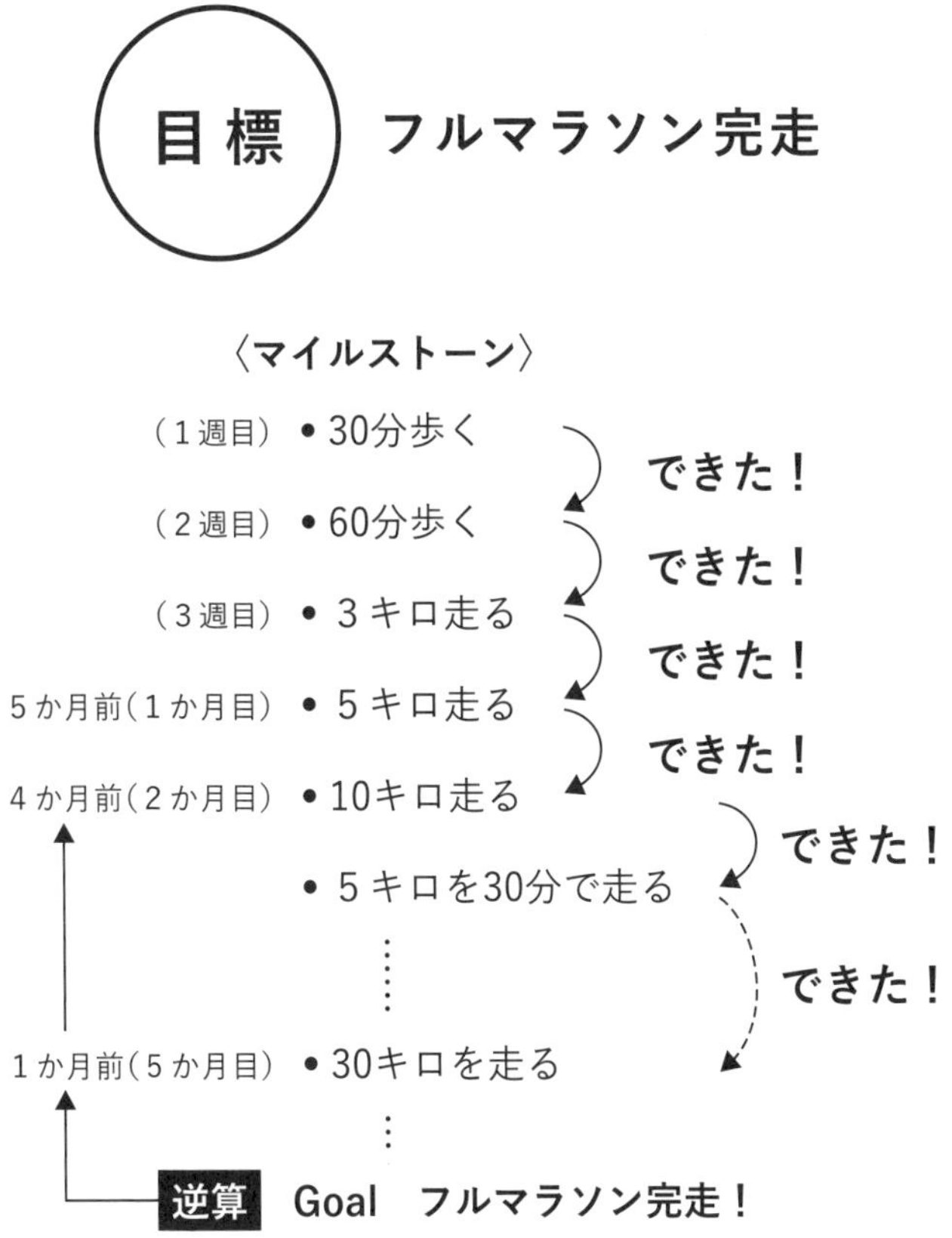
目標
フルマラソン完走
〈マイルストーン〉
（１週目）
• 30分歩く
できた！
（２週目）
• 60分歩く
できた！
（３週目）
• ３キロ走る
できた！
５か月前（１か月目）
• ５キロ走る
できた！
４か月前（２か月目）
• 10キロ走る
できた！
• ５キロを30分で走る
できた！
１か月前（５か月目）
• 30キロを走る
逆算
Goal　フルマラソン完走！

ですが、同じことを続けていても段々と体重が落ちにくくなっていきます。

　ですから、計画を作る段階でそのことを見越し、「1か月目は2キロ落とすけど、最後の2か月は0・5キロずつ落とせばいい」というようなマイルストーンを設定するのです。


　売上の目標を立てるときも同じようにコツがあります。

　新商品を発売して3か月で1万個を販売するという目標を立てたとします。発売当初は認知度も低く、プロモーションに手間がかかりますが、うまく消費者に浸透してくると一気に売れ始めます。

　このような場合には、1か月目の中間目標は、販売個数ではなく新商品の認知度に設定してもよいと思います。

　まずは、最終目標を達成するために中間地点ではどのような状態になっている必要があるのかをゴールから考え、「いつまでにこうなっている」「いつまでにここまで進捗している」というマイルストーンを設定してみてください。

3・2

もう1つの逆算「ブレイクダウン」

複雑な目標はいくつかの分野に分ける

中間目標（マイルストーン）を置いたら、まず最初のマイルストーンをクリアするために、何をすればいいかを想像してください。すぐにイメージが湧いた場合には、すぐに次のアクションプラン作りに取りかかることができます。

しかし、目標を達成するまでの条件や要素が複雑化してくると、マイルストーンを置いたものの、この中間目標をクリアするために何をすればいいかがリアルにイメージできない場合があります。

この場合には、目標を分野ごとに細分化する**「ブレイクダウン」**という作業をする必要があります。

実行計画を考えるためには徹底した逆算が必要だと言いましたが、マイルストーンが「時間」という横軸の逆算だとしたら、ブレイクダウンは「分野」という縦軸の逆算と言うことができます（117ページ図）。

目標を達成するために必要な行動を、分野ごとに分けてアクションプランを考えるわけです。

以下はそれほど複雑な例ではありませんが、ブレイクダウンのやり方としてシンプルなのであげてみます。上が分野で、矢印（↓）以下がブレイクダウンしたアクションプランです。

◎ダイエットの目標：5か月で体重を5キロ落とす

・摂取カロリーを抑える↓糖質制限、飲み会を減らす、午後9時以降の食事を控える
・消費カロリーを増やす↓ジョギングをする、筋トレをして代謝を上げる

◎美容室の目標：昨年対比1・5倍の売上を上げる

・お客様を増やす↓ネット広告、既存のお客様に紹介してもらう
・客単価を上げる↓パーマやカラーをすすめる、シャンプーや化粧品など物販を伸ばす

例：自動車販売の目標をブレイクダウンしてみる

目標　年間50台の新車販売

上期に何台売るか
（１～６月）
例：20台

下期に何台売るか
（７～12月）
例：30台

マイルストーン

１月…２台　５月…３台
２月…２台　６月…３台
３月…６台 ← ３月と９月は決算で予算がつきやすいので多め
４月…４台
⋮

〈内訳〉

軽自動車	20台
乗用車	25台
ボンネットバン	5台

買換え	30台
新規	20台

↓

アクションプランへ

◎飲食店の目標：利益を昨年対比2倍にする

・平日の客数を増やす↓ウェブサイトのリニューアル、食べログで評価を受ける店作り
・休日の客単価を上げる↓価格の改定、限定特別メニューの追加
・材料費の削減↓仕入れ先の変更、大量購入による値下げ交渉

もっと複雑なビジネスの例で見てみましょう。

たとえば、保険の営業マンが年間の売上目標として「手数料収入1000万円を達成する」という目標を設定した場合に、たくさんの種類の保険を扱っていたり、いろいろなタイプのお客様を相手にしていた場合、どのようなアクションをとれば目標を達成できるかがイメージしにくくなってしまいます。

このような場合には、売上の中間目標を保険の種類やお客様の属性、契約の種類などに分解します。そして、それぞれの数値目標をマイルストーン（横軸）に設置してみます。

たとえば、年間1000万円という売上目標について、3か月ごとに200万円↓400万円↓650万円↓1000万円というマイルストーンを置いたとします。

その場合の分野を、

・**商品属性（生命保険か、損害保険か）**
・**顧客属性（法人のお客様か、個人のお客様か）**
・**契約属性（既存のお客様の継続案件か、新規案件か）**

といった観点でブレイクダウンし、縦軸にして、それぞれの中間目標を設定したのが117ページの図です。

このように、属性ごとにブレイクダウンしたうえでマイルストーンを設定すると、目標達成のためにどこに重点を置き、どのようなアクションプランを考えればいいのかが把握しやすくなります。

この例でいえば、数値に占める割合が高いので、生命保険の法人案件を新規で獲得できるかどうかが、目標達成の鍵を握ることになりそうです。

そこで、保険の満期がくるお客様には早めに案内をして、取りこぼしなく継続契約をいただけるようにしつつ、法人向けの資産運用セミナーを開催して、新規の顧客を増やしていこう、といったアクションプランをイメージできるようになるのです。

具体的に、どのような要素や項目を縦軸に置いてブレイクダウンをするかについては決まりなどがあるわけではありませんが、実際のアクションの性質を考えたときに、行動すべき方向性が分かれるものは、ブレイクダウンして別々の行動計画を立てることによって、達成に向けた重要性や優先度を把握しやすくなります。

先の図の例でいえば、

・**商品属性**：生命保険は契約のハードルが高いが高額商品、損害保険は持ち家や自動車所有者にとってはハードルが低い
・**顧客属性**：法人客は商品内容を重視、個人客は紹介を重視する傾向
・**契約属性**：継続は取り逃がさないよう守りの営業、新規はアポイント数を重視した攻めの営業

といった分析をすることで、アクションプランを実行することの難易度や結果へのインパクトを想像しやすくなるはずです。

ブレイクダウンの例

目標　年間売上　1000万円

←マイルストーン→

↑ブレイクダウン↓

		3月末 200万円	6月末 400万円	9月末 650万円	12月末 1000万円
商品属性	生保	150万円	300万円	480万円	750万円
	損保	50万円	100万円	170万円	250万円
顧客属性	法人	100万円	250万円	450万円	750万円
	個人	100万円	150万円	200万円	250万円
契約属性	新規	3件	8件	15件	30件
	継続	5件	10件	15件	20件
累計売上		200万円	400万円	650万円	1000万円

3・3 「やれば必ずできること」をアクションプランにする

結果ではなく行動を計画する

このように、目標数値を分野ごとにブレイクダウンしながら期間を区切り、マイルストーンを設置したら、次はそのマイルストーンをクリアするためのアクションプラン（行動計画）を決めていきます。

たとえば、自動車ディーラーの営業マンが「今月末までに新車を3台販売する」という中間目標を設定したとしたら、

・既存顧客10人に電話をかけ、モデルチェンジを案内して買い換えをすすめる
・他のメーカーの自動車に乗っている知人30人に電話をかけ、買い換えをすすめる
・これまでに名刺交換をした1000人のリストに、最新モデルのフェアの案内はがきを送付する

など、これをすれば新車が3台売れるだろうと予想できるアクションプランを設定するのです。

アクションプランを決める際には、１つだけルールがあります。

アクションプランは「やれば必ずできること」にするということです。

このルールを知らないと、達成確率の高いアクションプランを作ることができません。

生命保険の営業マンが、「積立型生命保険を月3件、年間36件販売する」という目標を立てたという例を使って説明しましょう。

このとき、たとえば、

【1】毎月20人の社長と知り合って名刺交換をする

【2】資産運用セミナーを開催して、30人の社長に参加してもらう

といったアクションプランを作ってしまうのは危険です。

なぜなら【1】毎月20人の社長と名刺交換をしたくても、20人もの社長と知り合える保証はありませんし、【2】セミナーを開催しても、30人の社長が参加してくれるかどうかは、相手の興味やスケジュール次第になってしまうからです。

「行動すればできること」をアクションプランに

ですから、このような場合は、【1】や【2】をアクションプランにするのではなく、それらを中間目標として設定して、改めて次のように、やれば必ずできるアクションプランを考えるようにします。

【中間目標1】

今月20人の社長と知り合って名刺交換をする

←

【アクションプラン1】

・今月3回、経営者の参加する交流会に参加し、初めて会う参加者全員と名刺交換をする

【中間目標2】

来月末に資産運用セミナーを開催して、30人の社長に参加してもらう

←

【アクションプラン２】

・名刺交換をした８００人の社長リストにメールでセミナーを案内して参加を呼びかける
・特にニーズがありそうな50人には１か月前までに電話で直接お誘いをする

結果は選べませんが、行動は選べます。ですから、「毎月20人の社長と名刺交換する」という結果をコントロールするのでなく、「月に３回交流会に参加する」という行動をコントロールすることに集中してください。

そして、「初めてお目にかかりますね。ごあいさつをさせてください」と話しかければ、名刺交換を拒まれることはないでしょうから、「初めて会った全員と名刺交換をする」という行動も、やれば必ずできることになります。

【２】も同様です。集客の結果でなく、集客の方法をアクションプランにするのが、目標までたどり着きやすくなるコツになります。

近いアクションプランの精度を高める

アクションプランは、それぞれのマイルストーンごとに決めていきます。

マイルストーンを1か月ごとに置いた場合には、「最初の1か月のアクションプラン」「次の1か月のアクションプラン」を決めていくわけですが、今月のアクションプランと来月のアクションプランを同じ精度で決める必要はありません。

なぜなら、あまり先のことはイメージをすることが難しいですし、実際に計画を実行していくと、予定どおりに中間目標をクリアできない場面に遭遇し、その先のアクションプランを見直さなければならない事態になることも少なくないからです。

1か月以上先のアクションプランは大まかに決めておけばよいので、まずは最初のマイルストーンをクリアするための行動計画を重点的に考えましょう。

特に大切なのは、今日やることと明日やることを具体的に書き出すことです。

たとえば、先の例で「来月末に資産運用セミナーを開催して、30人の社長に参加してもらう」という中間目標があった場合、とにかくセミナー会場を探して予約をしなければ、開催を告知することができません。

このように優先順位を考えながら、

・インターネットで予約可能な会場を検索して、候補を3か所以内に絞る（今日中）

・候補にした3つの会場に電話で問い合わせを入れ、仮予約をする（今日中）

・会場を下見して、開催会場を決める（明日中）
・メールでセミナーを案内するための告知文を作成する（明日中）

といったように、細かくアクションプランを考えてください。

3·4 「まさか」に備える8割ルール

アクションプランは答案用紙のように見返す

ワクワクする目標を決め、アクションプランを考えると、いますぐにでも計画を実行したくてそわそわしてくると思います。

しかし、達成上手たちは、ここで計画に見落としがないか、中間目標を達成するために十分なアクションプランになっているかをいったん見返しています。

自分が書いた答案用紙を、提出前にもう一度見返してみるイメージです。

見返しのポイントは、「気力・体力・運がすべてそろっていることを前提としたアクションプランにしてしまっていないか」という点です。

稲盛氏が言うように、達成の第2ステップである行動計画の策定は、悲観的に、慎重に行う必要があるのです。

目標達成までの道のりには人生と一緒で、3つの坂があります。

1つ目は、何をやってもうまくいく順風満帆の「上り坂」。

2つ目は、何をやってもうまくいかない逆風の「下り坂」。

3つ目は、想定外の事態が起きて立ち止まってしまう「まさか」です。

ワクワクしながら目標を設定した後、そのままのワクワク感で実行計画を作ると、すべてが理想的な計画どおりに進むと想定した上り坂ばかりの実行計画になってしまうことがあります。しかし、何ごとも良いことばかりが続くわけがありません。

私は、弁護士という仕事柄、「まさかのワナ」にはまってしまった人たちをたくさん見てきました。

取引先が倒産した結果、売掛金を回収できず自社も連鎖倒産させてしまった建設会社の社長や、従業員が不正を働き会社の金を持ち逃げされて苦境に陥った飲食店の社長、天候不順で果物の出来が悪く多数の予約を受けていた贈答用の出荷ができなくなってしまった農家など…。

お得意先が突然倒産して、大口の顧客を失い、とたんに売上目標の達成が厳しくなったとか、「今週はお客様と10件のアポが入っていて忙しいけど頑張るぞ」と意気込んでいたのに、インフルエンザにかかってしまい家から出られなくなったなど、計算外の事態が発生して「まさか！」と叫びたくなる事態を、経験したことがある人も多いと思います。

思い返してみると、誰にでも1年に一度や二度は「まさか！」の事態が発生するのです。

ですから、不測の事態は起きるものだとあらかじめ予定し、起こりうるすべての問題を想定して対応策を慎重に考え、余裕を持ったアクションプランを組む必要があります。

4回のうち1回はできないかも…というくらい悲観的に

実行計画作りのポイントは、悲観的とも言えるくらいの緻密さと慎重さです。

まさかの事態が発生して「運が悪かった」と言いわけをするのではなく、「下り坂」や「まさかゝ」といった不都合な事態が発生することを想定して、アクションプランを考えてください。

たとえば、

【中間目標】

来月末に資産運用セミナーを開催して、30人の社長に参加してもらう

【アクションプラン】

・これまで名刺交換をした1000人のリストにメールでセミナーを案内して参加を呼びかける

・特にニーズがありそうな50人には1か月前までに電話で直接お誘いをする

という例であれば、このアクションプランで30人の集客を達成できるというのは上り坂の計画になります。

しかし、思ったように集客がはかどらないという下り坂も想定するのであれば、「開催2週間前までに申込者が20人以下の場合には、SNSとメールで改めてセミナーの告知をする」という予備のアクションプランも考えておくことができます。

さらに、セミナーの開催日当日に大雪が降り、急きょ開催を中止せざるを得ないという「まさか」が起きる可能性もあります（実際、私は自社の企画したセミナーでこのような

アクションプランで大事なこと

①「やれば必ずできること」から始める

↓

行動すればできること

②必ず見直す

↓

悲観的なくらいでちょうどよい

③「やらないこと」を決める

↓

肯定形の行動に言いかえる

④目標を周囲に公言する

事態を経験したことがあります）。

ですから、年4回の開催を予定しているセミナーであれば、1回は中止となっても最終目標は達成できるくらいの余裕を持ってアクションプランを決めることで、やっと「悲観的に計画した」と言えるのではないでしょうか。


緻密で慎重な計画作りは、前向きで楽観主義の性格の人よりも、論理や計算が得意な心配性の人のほうが上手です。

私はかなり心配性な性格なので、司法試験を受ける前には、本番で出題される60問に備えて1万問の模試と過去問を解きましたし、試験会場の周辺が騒がしいと困ると考え、耳栓を用意して会場に入りました。

また、初マラソンに参加する前には、実際に42キロを走る練習を2回もやりました。

もちろん、計画の段階であまり慎重になりすぎるのもよくないのですが、達成までの道のりは上り坂は8割くらい、下り坂やまさかが必ず2割くらいあると考えてアクションプランを作るくらいで、ちょうどよいのです。

極端にポジティブな性格で、自分一人では下り坂やまさかをイメージできないという人は、緻密で慎重なタイプの上司や仲間に、一度あなたが考えたアクションプランをチェックしてもらってください。

稲盛氏は、**「行動する前に、見えてくるまで考え抜きなさい」**と言っています。どうしたら目標をクリアできるかについて「こうして、ああして」と何度も頭の中でシミュレーションを繰り返し、まだ何もやっていないのに達成した瞬間がカラー映像で見えるように感じられるまで考えなさいということです。

慎重に緻密な計画を立てれば立てるほど、自信を持って３つ目のステップ（計画の実行）に進むことができるはずです。

3・5 やることと同じだけ「やらないこと」を決める

やらないことを決めないと結局動けない

ワクワクする目標を設定した。マイルストーンも決めたし、アクションプランも悪いとは思えない。だけど達成は難しいだろうな、と感じてしまうことがあります。

それは、アクションプランが多すぎる人です。

たとえば、「毎月3回経営者の参加する交流会に参加し、初めて会う参加者全員と名刺交換をする」という計画を立てたとします。

このアクションプランは「たくさんの経営者から契約をもらうために、たくさんの経営者と知り合いたいと考えて作ったものですから間違っていません。この人に、十分なやる気もありました。

ところが、実際には、

- **交流会に参加するはずだった日に日常業務が終わっていない**
- **セミナーへの参加を呼びかける電話がけもまだ実行できていない**
- **最近、残業続きで帰宅時間が毎日遅く、妻の機嫌を損ねている**
- **健康のために運動もしたいので、職場の仲間と仕事帰りに週1回、フットサルをする約束をしてしまったがそれどころではない**

と、すべてのアクションプランが中途半端になってしまったりします。

これでは目標を達成できるはずがありません。

新たな目標を考えることは楽しく、「あれもしたい、これもしたい」と考えがちですが、時間は有限で、誰にも1日24時間、1年３６５日の時間しか与えられていません。

もしあなたに時間がたっぷりあるのであれば、目標達成のためにたくさんのアクションプランを決めても実行できますが、忙しい毎日を送っているのだとすれば、「あれも、これも」とアクションプランを追加しても結局すべてを実行することはできません。

ですから、目標達成のために「こうしよう」とアクションプランを立てた場合には、「これはやめよう」と、「やらないこと」を決める必要があります。

たとえば、

・ゴルフの練習時間を確保するために、ゴルフ番組を見る回数を減らそう

・毎朝、金融の勉強をする時間を確保するために、深夜にドラマを観るのをやめて早く寝よう

・毎週1冊読書をするために、営業先へ自動車で移動するのをやめて電車にしよう

というように、新しくやると決めたことと同じ時間分だけ、明日からやめることを決めてしまうのです。

やらないことを決めなくても、タスクが重なったときには、いつでも冷静に優先度の高いタスクを選んで行動できればいいのですが、なかなか理想どおりにはいきません。

・週末TOEICの試験があるのに、がまんできずに録画しているテレビ番組を観てしまった

・あと1時間で企画書を仕上げなければいけないのに、飲み会の誘いのメールがきたので、先にその返事をしてしまった

といったように、人の脳は客観的な優先度より、「やりたい」「やりたくない」という感情で判断したがるからです。

「やらないこと」を肯定形の行動に言いかえる

そんな脳を上手にだますテクニックとして、「やらないこと」を否定形ではなく肯定形に言いかえるという方法があります。たとえば、

・睡眠時間を確保するために夜更かしをしない

・時間のムダなのでSNSを見すぎない

・飲み会は二次会には行かない

などと、やらないことを否定形で考えると、どうしても脳が「がまんをさせられている」

とネガティブにとらえてしまいます。そこで、

・睡眠時間を確保するために夜更かしをしない
　↓**毎晩12時までにはベッドに入る**
・時間のムダなのでSNSを見すぎない
　↓**SNSは移動中の電車の中でチェックする**
・飲み会は二次会には行かない
　↓**夜10時を過ぎたら家に帰る**

というように、「やらないことリスト」を「やることリスト」に変換するのです。同じことを言っているのですが、「ゴールに向かって進んでいる」とポジティブにとらえられるようになるはずです。

お客様であるD社長は、若いころお酒を飲むのが大好きで、私も以前は深夜までお酒にお付き合いする機会が何度かありました。

しかし、D社長は「会社を上場させる」と決めた日から一切お酒を飲むのをやめて、その分の時間を仕事と睡眠にあてるようになりました。その徹底ぶりは目を見張るものがあり、それからわずか3年で上場という大きな目標を果たしました。

いまでもD社長はお酒を飲まず、次の目標に向けて突っ走っています。

その会社に古くからいる幹部から聞いた話では、最近入社した社員たちは、社長のことをお酒が飲めない体質なのだと思っているのだそうです。


私は、弁護士法人の代表や複数の企業の社外役員をさせていただきながら、新たに税理士法人とコンサルタント会社を立ち上げて代表に就任し、幸運にも忙しい毎日を過ごしています。太りやすい体質なのに食べることが大好きなので、仕事以外の時間には適度な運動も心がけていました。

ここに「本書を書き上げる」というワクワクする優先度の高いミッションが加わったので、執筆に使う時間と同じだけ、やらないことを決める必要がありました。

そこで、お客様との会食やジム通いを控え、少しだけ睡眠時間を削ることにしました。

もちろん原稿を書き上げるまでの期間限定です。

私は、新たなチャレンジを始めるときに、これまでやっていた何かをやめるということがくせになってきましたが、もうそれががまんだとは感じません。

むしろ、漫然と浪費していた時間を、成長できる充実した時間に変えられると心から楽しめるようになったのです。

3・6 目標を公言する

周囲に話すと潜在意識が使える

あなたの目標にマイルストーンを置き、アクションプランができれば、目標達成の第2ステップはほぼ完了です。

ただ、あと1点だけやってもらいたいことがあります。

それは、あなたの目標を周囲に公言して、達成宣言するということです。

「他人に自分の目標を知られたくない」「内緒にしておいて達成したときに発表したい」と思う人もいるかもしれませんが、目標を公言することには達成の確率を驚くほど高める3つの効果があります。

1つ目は、**潜在意識を使えるようになって、良いアイデアが浮かぶようになる**ということです。

あなたにも、真剣に新しい企画を考えていたら、歩いているときに急にアイデアが浮かんできたとか、タイミングよく新聞に参考になる記事が載っていたという経験があるのではないでしょうか。

このように、目標を口に出したり、文字にしたりするたびにその目標が潜在意識にすり込まれ、その後のひらめきや行動に良い影響を与えていくことを「**プライミング効果**」と言います。


この効果を実証したハーバード大学の有名な調査がありますので紹介しましょう。

教授が学生たちに「自分の目標を持っているか」と質問したところ、

- **84%の学生は、目標を持っていない**
- **13%の学生は、目標を持っていたが紙には書いていない（頭の中に目標がある）**
- **3%の学生は、目標を持って、それを紙に書いている（目標を公言している）**

と答えたのです。

目標を紙に書いている学生はたったの3%だけでした。

それから10年後、さまざまな職業に就いた卒業生たちを調査すると、学生だった当時に目標を持っていた13％の人の平均年収は、目標を持っていなかった84％の人たちの約２倍になっていたのです。

さらに、驚くことに、目標を紙に書いていた３％の人の平均年収は、残り97％の人たちの何と10倍だったのです。

稲盛氏は、寝ているときでも潜在意識が働いて力を発揮するくらい強烈な願望を持つことが、高い目標を達成する秘訣だと言っています。

公言すると甘えを断ち切れる

目標を公言する２つ目の効果は、**自分にいいプレッシャーをかけられる**ということです。

日本人は、でかいことを堂々と口にするビッグマウスより、黙って淡々と実行する不言実行の人のほうが謙虚でかっこいいと考える傾向があります。しかし、言い方は悪いのですが、不言実行はインチキができてしまいます。

「今年は営業成績社内トップを取るぞ！」と心に決めたとしても、それを公言しなかった場合、期末が近づいてきたのに営業成績が厳しいと、「設定した目標が高すぎたんだ」「別に1番じゃなくても、社内ベスト5の営業成績を取れれば十分すごいことじゃないか」などと自分をなぐさめ、未達でも仕方ないと自分をごまかしてしまいます。

結局、現状維持の壁にはね返され、またコンフォートゾーンに甘んじてしまうのです。

しかし、目標を公言してしまうとそうはいきません。

期末が近づいてきたのに営業成績が厳しくても、宣言してしまったからには何とかしなければならないと考えます。

そして「今月中にあと5件の契約を取らなければならない」「ダメ元であと10件、テレアポをしてみよう」「お客様を紹介してもらえないか、先輩にお願いをしてみよう」とあれこれ考え、最後まであきらめずに、いろいろな行動をとることができます。

自然と現状維持の壁を越えてストレッチゾーンに入り、最高のパフォーマンスを発揮できるようになるのです。

メジャーリーグで数々の記録を打ち立てたイチロー選手が小学校の卒業文集に「夢は一流のプロ野球選手になることです。……僕が一流の選手になって試合に出られるようになったら、お世話になった人に招待券を配って応援してもらうのも夢の一つです」と書いていたことや、テニスの錦織圭選手が「夢は世界チャンピオンになることです」と書いていたことは有名です。

彼らはいつでも目標を公言し、ストレッチゾーンの中で成長をし続けてきたのです。

公言すると誰かが手伝ってくれる

目標を公言する3つ目の効果は、**周囲の人たちがあなたを応援してくれたり、ときには手伝ってくれる**ということです。

超能力者でもない限り、あなたがどんな目標を持っていても、それを伝えてくれなければ理解できません。

たとえば、メタボの診断を受けてダイエットを決意したのに、それを奥さんに伝えずに夕食を残すと、「せっかく料理を作ったのに残されるのなら、もう作りたくない」と嫌な顔をされてしまいます。

しかし、「健康のために少しやせることにした」と宣言すれば、カロリーを抑えて野菜を増やしたダイエットメニューを作って、あなたのダイエットをサポートしてくれるかもしれません。

もちろん、周囲の協力を得られるのは、あなたの目標達成がたくさんの人を喜ばせるときだけです。

たとえば、「今月中に案件を20件獲得する」という目標を公言したとしても、その動機が、「社長賞を取って目立ちたい」とか、「特別ボーナスをもらって欲しかった腕時計を買いたい」といった私心や私欲にある場合には、周囲からは「自分勝手なやつ」と思われてしまい、協力を得られるどころかそっぽを向かれてしまいます。

しかし、「たくさんのお客様にウチの会社の素晴らしいサービスを知ってもらいたい」「会社の年間目標に自分も貢献したい」という思いから立てた目標だったとしたら、先輩がいいアイデアを出してくれたり、他の部署の仲間が見込み客を紹介してくれたりするかもしれません。

自分だけでなく、たくさんの人が喜ぶ目標には、自分が頑張れるだけでなく、周囲まで巻き込む不思議なパワーがあるのです。

自分の目標を宣言してしまうと、達成できなかったときに恥ずかしいから嫌だという人がいます。

しかし、**もしあなたが目標をクリアすることができなかったとしても、周囲の人はあなたを格好悪いとは思っていません。**目標をクリアするために精一杯取り組んだのであればなおさらで、むしろあなたのチャレンジに拍手を送っています。

「ダサい」「根性なし」と思い込んでいるのは、自分自身だけなのです。

私の仕事仲間であるFさんは、仕事のかたわら陸上競技を趣味にしていて、40歳を過ぎたいまでもマスターズランナーとしてアジアや世界の大会でメダルを獲得しています。

Fさんは、いつもSNSで「今度の大会では必ず金メダルを取ります！」「目標タイムは何秒です！」と目標を公言します。

結果は、そのとおりになることもあれば、ならないこともあるのですが、周囲の友人たちは、Fさんが仕事を終えてからハードなトレーニングを積んでいることを知っていますから、どんな結果であっても「また次のレースで頑張ってほしい」と純粋に応援しているのです。

SNSには、大きな目標を公言するのではなく、うまくいったことばかりを書き込みたい人が多いと思いますが、Fさんの有言実行でチャレンジする姿は、多くの人の共感を呼び、応援されることでますますFさんも頑張るという相乗効果が生まれています。

目標を立てたらこれを公言しない手はありません。たとえば、

- **自社が主催する講演会についての会議で集客方法が話題となったときに「私が1000人を集めます！」とメンバーに宣言する**
- **会社の新年会で「今年は必ず、社内トップの営業成績を取ります！」と全社員に宣言する**
- **朝礼で「今月は、毎週2回、出勤前にカフェでマーケティングの本を読んで勉強します」と同じ部署のメンバーに宣言する**
- **SNSで「梅雨が明けるまでに体重を3キロ落とす！」と友達に宣言する**

など、どんな形でもいいので、あなたの目標を宣言してみてください。

できれば、紙に書いてください。

やり方は簡単です。次の7項目を、紙に書き出すのです。

目標達成が潜在意識にすり込まれ、必ず達成の確率が高まります。

①　達成する目標（計測可能なもの）
②　達成期限（曜日まで入れる）
③　目標の達成を喜んでくれる人（できるだけたくさん書き出す）
④　マイルストーンやブレイクダウンした中間目標
⑤　中間目標をクリアするためのアクションプラン
⑥　アクションプランを実行するために「やらない」と決めたこと
⑦　目標達成を公言した相手（できるだけたくさん書き出す）

第3章
ゴールから逆算すれば、必ず達成は見えてくる
のポイント

1　目標への「マイルストーン」を置いていく

2　目標を「分野」に「ブレイクダウン」する

3　アクションプランは答案用紙のように何度も見返す

4　「やらないこと」を決める

5　目標をまわりの人に宣言する

第4章

決めたらあとは、やり抜くだけ！

Goal Achievement
How to Get the Best Results

4・1

一番簡単なことを第一歩にしよう

マラソンが目標なら「シューズを買う」が第一歩

楽観的に目標を設定し、悲観的に行動計画を立てたら、いよいよ目標達成に向けて最後のステップに入ります。３つ目のステップは、自分で決めた行動計画をいざ実行していく段階になります。

計画を実行するステップは、明るく楽観的に「絶対に達成できる」と信じてポジティブに進めていくことが大切です。

いざ計画を実行してみても、思ったような結果が出なかったり、心が折れてあきらめたくなることがあるかもしれません。

そこで、この章では、どうすれば前向きな気持ちをキープできるか、うまくいかないときにはどのように軌道修正をすればよいのかをお伝えします。

まず、**達成に向けて上手にスタートを切るコツは、一番簡単にできるアクションプランを最初の一歩にする、ということ**です。お弁当のおかずを、好きなものから選んで食べていくようなイメージです。

誰でも計画をスタートさせる初日はテンションが上がり、ワクワクしています。学生時代に部活に入部したとき、社会人になって会社に入社したとき、プロジェクトのメンバーに選ばれて最初の会議に出席するときなど、新しい挑戦を始めるときにはストレッチゾーンに入って体中にアドレナリンが分泌され、モチベーションが高まっています。

せっかくストレッチゾーンに入って挑戦をスタートさせられるのですから、出ばなをくじかれないように、まずは失敗しないアクションプランを選んで実行し、「計画どおりできた」という成功体験を積むようにします。

一番簡単にできるアクションプランとは、

①やりかたがはっきりしていて

②確実に実行することができて

③絶対に失敗しないこと
という意味です。

たとえば、「半年後にマラソンを完走する」という目標を立てた場合、最初のアクションは自宅の周りをジョギングするといったことではなく、「スポーツ用品店に行って店員さんがすすめるランニングシューズを購入する」ぐらいにするのです。

①ショップがどこにあるかはネットで調べればわかりますし、
②店員さんのおすすめのシューズを買えばよいのですから、専門的な知識がなくても確実に実行することができ、
③ジョギングなどと違って体調や天候に左右されることもないので、絶対に失敗しません。

仕事上の目標を立てた場合も同じです。
交流会で名刺交換をして人脈を広げるという中間目標を立てた場合、最初のアクションは「参加できそうな交流会を3つ探す」とか、「社長が参加しそうな交流会に参加の申し込みをする」といったものでいいでしょう。

また、テレアポで営業をするのであれば、最初に電話をかける相手は「自分が知っている人」や「自分が好きな人」にすべきです。

50音順に並んでいるリストを順番にかけていかなければならないというルールはないのですから、何も最初からプレッシャーのかかる相手に電話をする必要はないのです。

やったことを周囲に話して、まずは1週間続ける

このようにして、幸先のよいスタートを切ることができたら、次は**1週間だけでいいので、自分で決めたアクションプランを守って実行し続けてください。**

1週間という期間がポイントです。

なぜなら、人はこれまでと違った行動や習慣を取り入れたり、逆にこれまで習慣化していたことをやめたりすると、「**興奮→ストレス→馴化→習慣化**」という4つの過程をたどるからです。

【初日】

新しいことを始めてみたけどおもしろいな、大変だけど刺激もあるしいいかも（**興奮**）

←**【3日目くらい】**

行動を変えてみたけど、なかなかやっかいだな、面倒くさいし元に戻したいな（**ストレス**）

←**【7日目くらい】**

最初は面倒だったけど、だんだん慣れてきたな。こんな毎日も悪くないな（**馴化**）

←**【14日目くらい】**

ここまで新しいことに慣れたのだから、もう元の生活に戻るのは嫌だな（**習慣化**）

引っ越しや結婚をしたときや、仕事や職場が変わったとき、新しいプロジェクトを始めるときなどに、必ずこの4つの過程をたどります。最初は新しい環境に緊張して、「ちょっと面倒だな」とストレスを感じるのですが、いつの間にか慣れて当たり前になります。

三日坊主という言葉があるように、ワクワクする目標を設定しても3日目くらいにストレスを感じることが多いのですが、脳が慣れを感じはじめる７日目までは「とにかくやめずにやってしまう」ことが大切です。

どんな目標に向かっていくときもこのストレスの壁が必ずやってくることを知っておき、脳が慣れを感じはじめるまではやめずにやってしまいましょう。最初の壁がやってくるタイミングの目安は、全体の期間の５パーセントです。

どうしてもストレスの壁がやってくる最初の５パーセントを突破する自信がない人におすすめしたいことがあります。それは、**目標を公言するだけでなく、「実行したアクションプランを公言する」**ことです。

私は、最初、このことを友人から「三日坊主にならないためにこうやって工夫しているんだ」と教えてもらったのですが、私自身も試したところ、とても効果があると実感しました。そこで、たくさんの方にお伝えしているのですが、みなさん「これはいいね」とおっしゃいます。

たとえば、建て替えが予定されている病院のコンペで、自社の設計プランを採用してもらうためのプレゼン資料を作成する場合、上司に「今日は、提案しようとしている３つのプランのうちAプランの基礎部分を設計しました」「明日は、1階から3階部分を設計します」などと報告するのです。

マラソン大会に向けて準備をしている場合には、SNSで「2日連続で10キロを走れました」「明日も早起きしてジョギングします!」と投稿してみるのも良い方法です。

このように、実行したアクションプランを公言すると、「また明日もアクションプランを実行して報告しよう」という心理が働きます。

こうして最初の1週間を乗り切ると、アクションプランを1つずつ実行していくことに慣れていくのです。

そして、2週間もすると、「今日もやらなきゃいけないのがストレスだ」から、「今日も決めたことをやらないとストレスだ」に感覚が変わっていきます。

最初の1週間は現状維持バイアスが働いてあなたをコンフォートゾーンに連れ戻そうとするのですが、2週間もするとストレッチゾーンにいることが心地よくなってくるということです。

夜が遅くても毎朝早起きをして勉強をしている人や、忙しくても太らないようにジムに通ってスタイルを維持している人は、他の人より意志が強いのではなくて、アクションプランの実行が習慣化して、「いつもどおりにやらないこと」に強いストレスを感じるようになっているのです。

4・2 スランプは「質より量」で克服できる

なぜ質より量なのか

目標達成は、楽観的に構想し、悲観的に計画し、楽観的に実行していくもの、と何度もお伝えしました。

アクションプランを実行し、小さな達成感を積みかさね、中間目標（マイルストーン）を次々クリアしていければ、毎日の苦労も喜びに変わり、ゴールまで一気に突っ走ることができます。

しかし、一気にゴールするのが理想だとしても、そんなにうまくいくことばかりではなく、達成までの道のりは山あり、谷ありです。

「本当にこのままでいいのだろうか？」「この調子で続けていても目標を達成できないのではないか？」と不安になり、楽観的に行動ができなくなることもあるでしょう。

そんな**スランプに陥ってしまったときの一番よい対処法は、とにかく行動量を増やすことです。**

もう一度思い出してください。成功の反対は失敗ではありません。「やらない」ことです。うまくいかないとき、どうしても思ったようにならないときは、質を少し犠牲にしてもよいので、量を追求してみるのです。

ここまで、目標達成の道のりをアクションプランを作るステップと、作った計画を実行するステップとに分けて説明してきました。

しかし、実際にはアクションプランを完全に作り終えてから実行していくのではなく、アクションプランを考えながら、同時並行でアクションプランを実行していくことになります。

つまり、まずは最初の中間目標をクリアするためのアクションプランを考えて、実際に

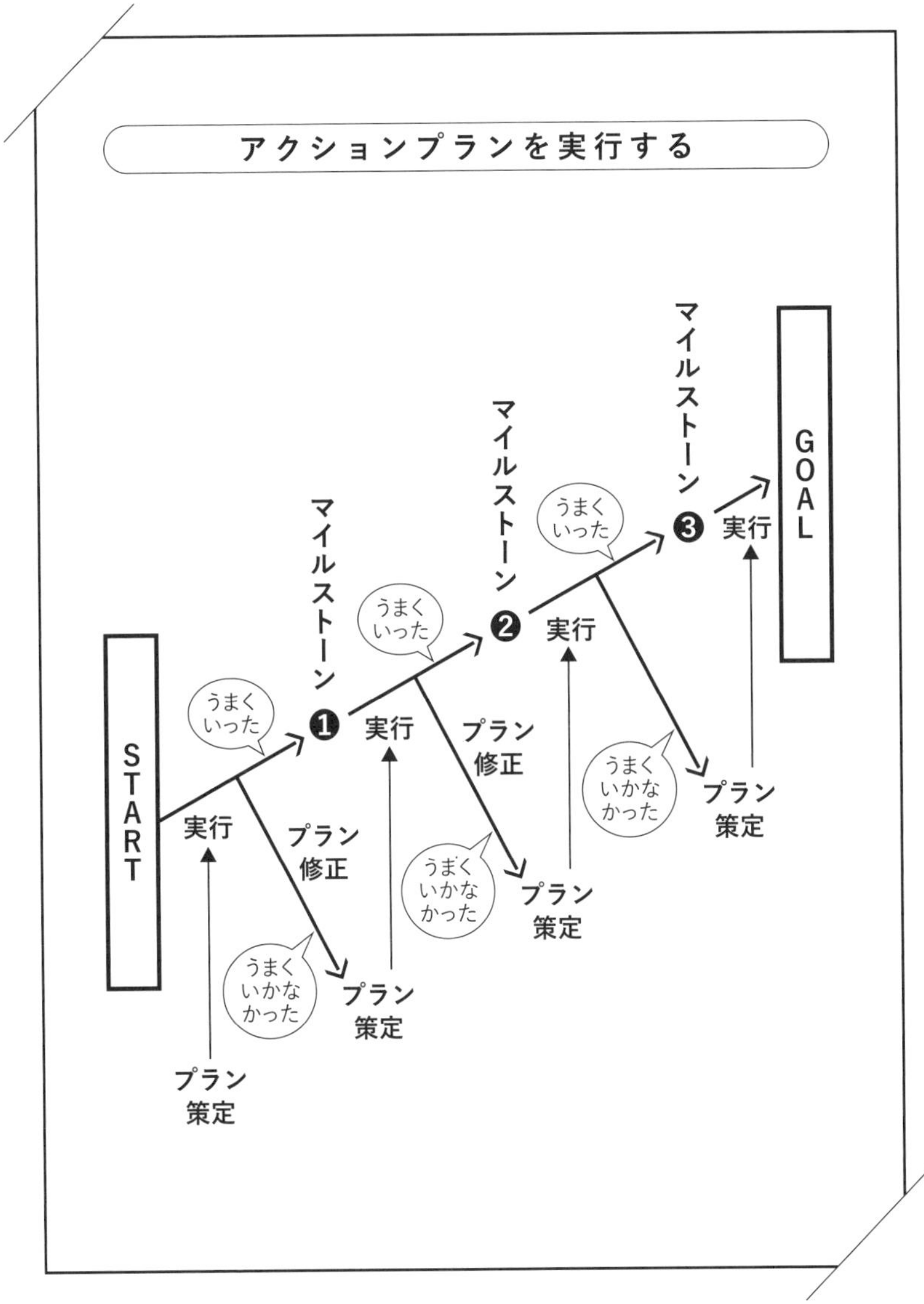
アクションプランを実行する
START
実行
プラン策定
プラン修正
うまくいった
うまくいかなかった
マイルストーン
❶
実行
プラン策定
プラン修正
うまくいった
うまくいかなかった
マイルストーン
❷
実行
プラン策定
うまくいった
うまくいかなかった
マイルストーン
❸
実行
プラン策定
GOAL

行ってみる。予定どおりに中間目標をクリアできることもありますし、思ったような結果が出ず、中間目標がクリアできないこともあります。

うまくいかなかったときはどこが悪かったのかをしっかり分析し、次の中間目標こそはクリアできるように、アクションプランを修正します。この作業を最終目標を達成するまで繰り返すのです（155ページ図）。

このように、目標を達成するために「Plan（計画）→Do（実行）→Check（評価）→Action（改善）」の4段階を繰り返して継続的な改善を行う手法は「ＰＤＣＡサイクル」と呼ばれ、いまやビジネスの世界ではスタンダードとなっています。

どうやればうまくいくかを考えるアイデアマン、すなわちPlan（計画）の上手な人が目標を達成しやすいと思われているかもしれませんが、そうではありません。

達成上手な人たちは例外なく、Do（実行）とAction（改善）を頻繁に行っています。

野球にたとえると打率より打席数にこだわり、失敗するたびに修正を加えていくようなイメージで、私のまわりで上場を果たしていく社長は、例外なくこのタイプです。

アクションプランを作りながら実行する

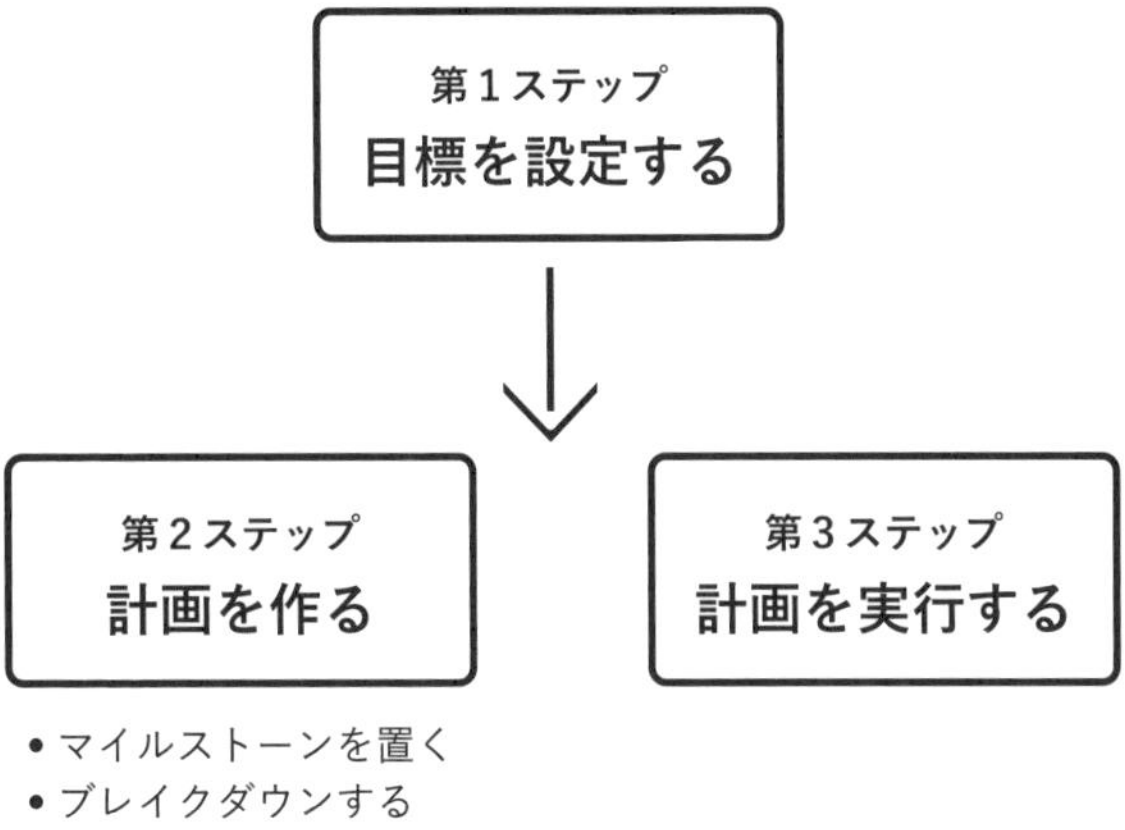
第1ステップ
目標を設定する
第2ステップ
計画を作る
第3ステップ
計画を実行する
• マイルストーンを置く
• ブレイクダウンする

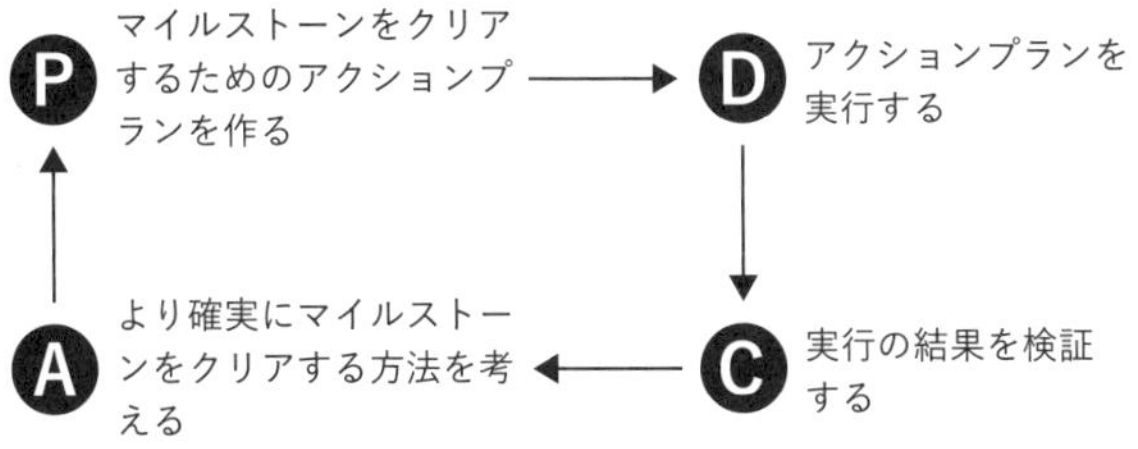
P マイルストーンをクリアするためのアクションプランを作る
D アクションプランを実行する
C 実行の結果を検証する
A より確実にマイルストーンをクリアする方法を考える

アクションプランのPDCAサイクル

自分でコントロールできる「行動量」を増やす

これは、思ったように結果が出ないときの改善策を考える際のヒントになります。

つまり、予定どおりに中間目標がクリアできなかったときには、行動量を増やすことで、スランプを克服できることが多いということです。先に述べたように、質を少し犠牲にしてもたくさんの行動をするようにしたほうが結果がよくなるのです。

現在、保険会社の営業マネージャーとして活躍している友人Oさんは、この会社に中途入社してきた当時になかなか契約が取れず、心が折れてスランプになりかけたとき、あえて契約を取った件数ではなく、契約を断られた件数を数えていたそうです。まずは質より量にフォーカスするため、安打数でなく打席数を数えたというわけです。

28ページでも述べたように、「結果は選べない、行動は選べる」のです。

そもそも、契約をするかしないかという結果はお客様が決めることで、自分自身ではコントロールできません。

自分にできることは「契約をしてください」とお願いする行動までですから、自分でコ

達成する人がやっていること

達成ができる人

とりあえずたくさんやってみる

↓

体を使う

□たくさん失敗をする
□たくさん修正をする
□たくさん行動をする
□高速でPDCAを回す
□成功するまで動き続ける

達成が苦手な人

どうすればうまくいくか考える

↓

頭を使う

□失敗を恐れる
□なかなか行動に移らない
□PDCAサイクルがあまり回らない
□成功も失敗もしない

ントロールできることに集中するべきなのです。

天才と呼ばれるトップアスリートや歌手、画家などのアーティストたちの中に、失敗や挫折を経験せずトップに上りつめた人などいません。

彼らは自分たちのパフォーマンスやアートは、限られた人間にしかできない天性の才能によってなせるものだと思われたいので、あえて自分の失敗談や泥くさい苦労話を広めようとはしません。

しかし、実際は、一流と呼ばれる人たちは例外なく、一流の努力をできる人であり、成功の何倍もの失敗や挫折、それを乗り越えるための練習や努力を繰り返しています。

ですから、私たちも、ちょっとぐらいうまくいかないことがあっても、まったく気にする必要はありませんし、むしろ当たり前であって、自信を失ってはいけません。

スランプを感じたら、ちょっと休憩するよりもたくさん打席に立って、ぶんぶんバットを振ってみましょう。

・何度企画書を書いても自分の企画が通らないときは、企画書を書いた枚数を数え、過去最高を目指してみる

・思ったように結果が出ないときは、アクションプランのどこに問題があるのかを先輩や同僚など、できるだけたくさんの人に聞いてみる。今日中に少なくとも5人に、できれば10人に

・思ったように営業のアポ取りが進まないときには、ツールを増やしてみる。たとえば、電話だけでなく、メールや直筆の手紙、LINEやメッセンジャーも使ってみる

といったように、スランプのときほど質より量にフォーカスしてみます。

たくさん打席に立つことにより解決することが、たくさんあるはずです。

アップル社の創業者であるスティーブ・ジョブズ氏がスタンフォード大学で行った伝説と語り継がれる有名なスピーチがあります。

その中でジョブズ氏は、「明日死ぬとしたら自分はどうするか考えて毎日行動する」と話していました。彼はこの言葉に17歳のときに出会い、一貫して「後悔しないために行動する」という選択をし続けました。

そして、多くの失敗と、それより多くの成功をして世の中に大きな価値と感動を生み出したのです。

もう一度お伝えします。

やらずに後悔するよりも、とにかく行動を続けましょう。

たとえ結果が悪くても、それが全力でやった結果であれば、絶対に後悔することはないのですから。

4・3 うまくいかないときの対処法

数値化して改善点をチェックする

ここから先は、中間目標が達成できないときに、どこに問題があるのかを分析し(Check)、改善策を考える(Action)方法を、事例を使いながら説明します。

少し細かい話になりますので、中間目標を順調にクリアできそうな方や、アクションプランの修正が得意な方はこの項目を読み飛ばしてもかまいません。

うまくいかないときの改善方法を探すための第一歩は、何が悪かったのかの原因を分析し突きとめることにあります。

設定した中間目標（マイルストーン）がクリアできなかった場合、考えられるパターンは２つしかありません。

（Ａ）アクションプランどおりに実行したけど中間目標がクリアできなかった

（Ｂ）アクションプランどおりに実行できなかった

のどちらかです。

まず、（Ａ）の場合は、あらかじめ設定した中間目標（マイルストーン）は変更せず、アクションプランのＰＤＣＡサイクル（157ページ図）を回すことで最終目標の達成を目指します。

ポイントは、アクションプランごとに期待する効果と実際に得られた効果を「数値化」して、問題点を探すことです。

ここでは、保険の営業マンが、経営者向けに資産運用セミナーを開催しながら、「毎月3件の新規契約を獲得する」という中間目標を設定したという事例を使って、修正の仕方を説明します。

設定事例

【中間目標】
保険の営業マンが、経営者向けに資産運用セミナーを開催しながら、「毎月3件の新規契約を獲得する」

〈アクションプラン〉
←【1】毎月3回、経営者の参加する交流会に参加する
←【2】毎月60枚の社長の名刺を集める
←【3】50人の社長に1か月前までに電話で直接セミナーのお誘いをする

【4】セミナーに30人の社長に参加してもらう
←【5】毎月8人の社長と個別に会い、会社や社長のニーズを聞き出す
←【6】毎月5人の社長に商品説明をし、契約をすすめる

このアクションプランは、以下のようなことを意図して作られています。ここで具体的な数値としてチェックしていきます。

【1→2】毎月3回経営者の交流会に参加すれば1回で20人と名刺交換ができる
想定する交流会名刺獲得枚数　20×3＝60枚／月
【2→3】毎月60人の社長の名刺が集まれば、50人に電話がけできる
想定する電話リスト率　50÷60＝83％
【3→4】50人をセミナーに誘えば、30人に参加してもらえる
想定するセミナー参加率　30÷50＝60％
【4→5】セミナーに30人参加してもらえれば、8人の社長から個別アポがもらえる

想定する個別アポ獲得率　8÷30＝27％
【5→6】8人の社長と個別に会えば、5人の社長に商品の説明ができる
想定する商品説明率　5÷8＝63％
【6→中間目標】5人の社長に契約をすすめれば、3人の社長が契約してくれる
想定する契約率　3÷5＝60％

つまずいた部分を変更する

そこで、これらのうち**どの段階でつまずいているかを確認すれば、自然とアクションプランにどのような修正を加えればよいかが見えてきます。**

それぞれの部分は実績を見ながら、たとえば次のような対策をとっていきます。

対策
【1→2】毎月3回経営者の交流会に参加すれば60枚の名刺が集まると計画したが、実際は毎月3回の経営者交流会に参加しても43枚の名刺しか集まらなかった

実績交流会名刺獲得枚数　43枚／月（計画は60枚）
←
（**対策**）
・交流会への参加の回数を増やし、月４回にすることで60枚獲得できるようにする
・参加する交流会を変える。より多くの経営者が参加する交流会を探し、そちらに参加するようにする

【２→３】毎月60人の社長と名刺交換すれば、50人に電話がけできる計画だったが、実際は60人の社長の名刺が集まっても電話がけできるのは40人程度だった
実績電話リスト率　40÷60＝67％（計画は83％）
←
（**対策**）
・毎月集める名刺の数を60枚ではなく80枚にする
・同僚と交流した経営者のリストを交換し合ってリストを補充する

【３→４】50人をセミナーに誘えば、30人に参加してもらえる計画だったが、実際は50人

をセミナーに誘っても、参加してもらえるのは20人だった

実績セミナー参加率　20÷50＝40％（計画は60％）

↓

（対策）

・電話がけする人数を50人ではなく70人にする

・メールと電話がけだけではなく、ダイレクトメールを郵送することで告知をする

・セミナーの魅力がもっと伝わりやすいように、電話での誘い方やメールの文章を見直してみる

【4→5】セミナーに30人参加してもらえれば、8人の社長と個別アポが取れる計画だったが、実際はセミナーに30人の参加者があっても5人の社長としか個別アポが取れていない

実績個別アポ獲得率　5÷30＝17％（計画は27％）

↓

（対策）

・セミナーへの集客目標を30人から50人に上げる

・個別アポのお願いの仕方を変える
・自分からのお願いに加えて、上司からも個別アポのお願いをしてもらう

【５→６】８人の社長と個別に会えば、５人の社長に商品説明をできる計画だったが、実際は８人の社長と個別に会っても３人の社長にしか商品説明ができなかった
実績商品説明率　　３÷８＝38％（計画は63％）
←
（対策）
・毎月８人でなく10人の社長と個別に会うようにする
・自社商品のニーズに合う社長と優先的に会えるように、声かけの順番を変えてみる

【６→中間目標】５人の社長に契約をすすめれば、３人の社長が契約してくれる計画だったが、実際は５人の社長に契約をすすめたのに、１人しか契約してくれなかった
実績契約率　　１÷５＝20％（計画は60％）
←
（対策）

・毎月5人ではなく10人の社長に契約をすすめられるようにする
・契約が増えるようなセールストークにするためにはどうすればよいか、先輩にアドバイスを求める
・セールストークのロールプレイを繰り返す

PDCAをうまく回せない人の多くは、どのアクションプランでつまずいているかを分析できていません。

この例のように、アクションプランごとに期待する効果と実際に得られた効果を数値化して比較できれば、ボトルネックが一目瞭然になりますから、すぐに改善策を考えることができるのです。

4・4 計画どおりできないときの対処法

できない理由ごとに対策を考える

設定した中間目標（マイルストーン）がクリアできなかったときに考えられるパターンは、

（A）アクションプランどおりに実行したけど中間目標がクリアできなかった
（B）アクションプランどおりに実行できなかった

のどちらかだとお伝えしましたが、次に（B）の場合の対処法についてお話しします。

実行できない原因はさまざまですが、だいたい、

・どうしてもやる気になれない
・本当にできるのか不安だ

・アクションプランを実行する時間がない
・楽なことに流されてしまう
・やらないと決めたはずのことをやってしまい、やると決めたことができない

といったパターンに分かれると思います。

このような場合には、もう一度スタート地点に戻ってみましょう。場合によっては目標数値を下方修正しなければならないかもしれません。しかし、目標の下方修正は、失敗でも敗北でも恥ずかしいことでもありません。原因はアクションプランのPDCAサイクル（157ページ図）の外側にある場合もあります。

その場合には、中間目標や最終目標を修正することにします。

目標の修正方法には、目標数値を変更する方法（下方修正）と、達成期限を変更する方法（期限延長）の2種類があります（次ページ図）。

売上予算や受験勉強など、期限が決まっていて延長する余地がない場合には下方修正を、

目標の修正法

下方修正　目標数値を変える

↓

期限を延長する余地が
ない場合

㊖ **年間売上、受験勉強など**

期限延長　スケジュールを変える

↓

期限を延長する余地が
ある場合

㊖ **研究開発、ダイエット、販売数、
建築工事など**

商品研究開発やダイエットなど、期限を延長する余地がある目標の場合には期限延長を検討するとよいでしょう。

要するに、何をやっても計画どおりに進むというわけではなく、たくさん失敗してたくさん改善している人が成功しているのです。

では、計画どおりに実行できない理由ごとに、目標や計画の見直し方法について考えてみましょう。

やる気が出ない

「お客様に自社の商品をおすすめしなければいけないことはわかるのだけど、何だか無理なお願いをしているようで気が乗らない」

「毎朝ジョギングをすると決めたけど、今朝は寒いし眠いから、布団から出たくない」

「今日のアクションプランは１００件のテレアポだけど、どうせ断られてばかりだし、やりたくない」

◎理由①　ワクワクする目標になっていない

解決法

・もっと高い目標にする

→達成したときに家族や友達に話したくなるような目標でないと、アクションプランを実行するのがおっくうになってしまいます。目標をワンランク高いものにすれば、ワクワク楽しくなってくるかもしれません。

（例）Before　ダイエットして5キロ体重を落とす
　　　After　ダイエットと筋トレをして割れた腹筋を自慢する

・達成している人と一緒に目標を作る

→達成している人に相談に乗ってもらうことで、達成への具体的なイメージが湧きますし、相談に乗ってくれた相手のためにも頑張ろうという気持ちが生まれます。さらには、相談相手もあなたを励まし、達成を手伝ってくれます。

（例）Before　自分一人で、年間保険契約50件という目標を立てた
　　　After　同僚に相談し、同僚と2人で年間保険契約100件という目標を立てたら、やる気が出てきた

◎理由② 目標に対して本気になれていない

解決法

・もっとたくさんの人に自分の目標を公言する

↓たくさんの人に自分の目標を公言すればするほど、後に引けないところに自分を追い込むことができます。もちろん、周囲の人たちもあなたを応援してくれるようになります。

（例）Before 年間売上2000万円達成を同僚に宣言した

After 年間売上2000万円を部署の飲み会の席でメンバー全員に宣言した！

・達成により喜んでくれる人を思い出す

↓自分一人で作った目標は、自分があきらめればそれで済んでしまいます。あなたの目標達成を喜んでくれる人がいれば、闘志と執着が生まれます。目標達成を喜んでくれる人があまり多く思い浮かばない場合には、もっとたくさんの人が喜んでくれる目標にアレンジしてみてください。

（例）Before ダイエットのために週に3回ジョギングをする

After 家族でハワイに行ってホノルルマラソンに参加するために、週に3回ジョギングをする

・行動の質より量を重視してみる

↓何となく気が乗らないときは、あまり深く考えず、行動の量を増やすことに集中すると、ペースをつかめてくることがあります。できた回数を数えるのではなく、トライした回数を数えてみるのも良い方法です。

（例）Before　3件アポが取れるまでテレアポを繰り返す

After　アポが取れなくても、50件の電話をかける

できるか不安、できる気がしない

「何人に契約をお願いしても、全員から断られそうで不安だ」
「やっぱり自分の能力では、部内トップの営業成績なんか取れるわけがない」
「1年もの間、運動を続けるなんて、やっぱり無理だ」

◎理由①　ゴールが遠すぎて先が見通せない

解決法

・より身近な低めの中間目標を設定する

→設定した目標の数値が高かったり、期間が長かったりする場合には、もっと短い期間で達成できる身近な目標に設定し直すとよいでしょう。中間目標に設定したマイルストーンを最終目標にしてしまうという方法もあります。

（例）　Before　今年は年間100冊の読書をしよう
　　　After　今週は2冊、本を読んでみよう

◎理由②　背伸びして高すぎる目標になっている

解決法

・目標数字を下げる、あるいは達成期限を延ばす

→目標は高めに設定したほうがよいのですが、高すぎると気持ちはワクワクせず、「どうせ無理だろう」と感じて体が動きません。パニックゾーンにいると思考が停止してしまいますので、少しハードルを下げて自分をストレッチゾーンに戻してください。

（例）　Before　今期は、当社史上売上歴代ナンバーワンの記録を打ち立てよう
　　　After　今期は、当社史上トップテンに入る売上を上げよう

（例）　Before　今期は、社内ナンバーワンの売上を上げる営業マンになる

After　３年後には、社内ナンバーワンの売上を上げる営業マンになる

時間が足りない

「新しいアプリを開発しなければならないのはわかっているけど、既存のアプリのバグが多く、その改修に時間をとられて新しいことをやる時間がない」
「新商品をおすすめするために、お客様の会社を訪問する予定だったけど、上司から頼まれた企画書作りや伝票整理をしていたら訪問する時間がなくなってしまった」
「料理教室に通おうと申し込み手続きをしたものの、結局残業が続いて疲れ果ててしまい、通えなかった」

◎理由①　やるべきことが多すぎて、物理的にアクションプランを実行する時間がない

解決法

・「やらないこと」を増やす
↓やるべきことが多すぎるなら、やらないことを増やしましょう。場合によっては、中間目標を下方修正してみることも効果的です。

（例）　Before　生命保険を月5件、自動車保険を月5件販売することを中間目標とする
　　　　After　自動車保険の販売は優先順位を下げ、生命保険を月5件販売することだけに集中する

◎理由②　アクションプランに余裕がない

解決法

・余裕のあるアクションプランに修正する

→アクションプランを実行する過程では、うまくいくこと（上り坂）ばかりでなく逆風（下り坂）や想定外の事態（まさか）も発生します。アクションプランに余裕がなかった場合には、8割ルール（123ページ）にしたがってアクションプランを作りかえたり、中間目標の数値を下げたり期限を延ばすなどして修正してみましょう。

（例）　Before　期限内にウェブサイトの構築を終えるために、少なくとも毎日300行のコーディングが必要だ
　　　　After　上司から頼まれる雑用も多いので、コーディングは毎日150行にして、もう少し完成までの期限を延長しよう

他のことを優先してやってしまう

「留学の準備で毎晩英語の勉強をすると決めたのに、ついついYouTubeを見てしまう」
「商品知識を身につけるために金融の勉強をすると決めたのに、ついつい目先のお客様からきたメールの返信に時間を使ってしまう」
「お酒を飲まずにジムに通うと決めたのに、結局飲み会の誘いを断れず、いろいろな理由をつけて飲みに行ってしまう」

◎理由①　自分が本気で取り組む目標になっていない

解決法

・なぜこの目標を達成したいのかを確認する

→もう一度、誰のためにこの目標に取り組むのかを確認します。やり抜く自信がない場合には、さらに強烈に達成をコミットできる目標に作りかえることも検討します。

（例）Before　目標を達成して年末のボーナスをたくさんもらいたい
After　目標を達成して同じ部署の仲間と祝勝会をやり、年末のボーナスで家族

◎理由② やめたほうがよいことができてしまう

解決法

・意識でなく物理的に遮断する

→やめることを決めたはずなのに、ストレスや負荷が増えると、安易な時間つぶしをしてしまうことがあります。試験が近づくと部屋の掃除をしてしまったり、ストーリーを知っているマンガやおもしろくもないゲームをしてしまうというのが典型例です。物理的に誘惑をシャットアウトする工夫をする必要があります。

（例） Before 寝る前にはできるだけSNSをチェックしない
After 寝室にはスマホを持ち込まない

（例） Before 自宅での試験勉強中はできるだけマンガを読まない
After 試験が終わるまで、マンガを捨てる（ヒモで縛って物置にしまう）

（例） Before 論文の作成が終わるまではテレビを見ない
After テレビのコンセントを抜いてテレビを見られないようにする

第4章
決めたらあとは、やり抜くだけ！
のポイント

1　最初は「やれば必ずできること」から行う

2　スランプではたくさん打席に立ってバットを振る

3　うまくいかないときは数値化して改善する

4　計画どおりできないときは理由ごとに対策を考える

第5章

一生使える「目標達成脳」の作り方

Goal Achievement
How to Get the Best Results

5・1 スピードが情熱を生み出す

最も重要なのはスピードと手数

私の仕事は、たくさんの人の目標達成をサポートすることです。クライアント企業は毎年のように新規上場を果たしていきますし、社外役員を務める企業は、過去最高益の更新を続けています。

主催する勉強会のメンバーや、自社の部下たちが次々と目標を達成していく姿も間近で見ています。

一方で、中には高い目標を持てずに低空飛行を続ける人や、心が折れて目標達成をあきらめてしまう人を見ることもあります。

たくさんの人を見て、私は**目標達成のためにとても重要な要素と、一見すると重要に見**

えても実はあまり大切ではない要素があることに気がつきました。

まず、重要な要素は、

「行動力＝スピードや手数」

「公欲＝人の役に立ちたいという心」

「向上心＝成長したいという心」

などです。

一方で、意外かもしれませんが「立案力＝計画を立てる力」や「分析力＝頭の良さ」などは、目標達成のためにはそれほど重要な要素ではありませんでした（189ページ図）。

そこでこの章では、なぜ行動力や公欲が目標達成の確率を高めるのか、そしてどうすれば目標達成に必要なマインドを身につけられるのかについてお話しします。

達成力を高める１つ目のカギは、「行動のスピード」です。

人間は感情の生き物で、心からやりたいと思うこと、情熱を持てることしかできないようになっています。ですから目標達成力とは、情熱を持ってやり続ける力、と言いかえることができます。

情熱を持っている人と、情熱を持っていない人では、明らかに行動のスピードが違います。情熱がある人でスピード感がない人はいません。

・「企画書を提出します」と宣言しながら、何日たっても提出がない
・「すぐに調べてお返事します」と言いながら、全然返事が返ってこない
・「ベストのプランを提案します」と言いながら、催促されるまで返事をしない
・ダイエットを始めるためにジムに入ると言いながら、いつまでたっても入会しない
・体力作りのためにジョギングでも始めてみようかなと言いながら、すでに3か月たっている

情熱がある人はこのような行動はしません。
すぐに行動をしているはずです。

たとえば、今期は過去最高の売上を達成しようと情熱を持って仕事に取り組んでいる社員は、お客様から問い合わせの電話を受けたら、お昼休みを返上してでも急いで見積書を作ろうと考えるはずです。
しかし、会社から売上予算は与えられているものの、本気で取り組む情熱を持てない社

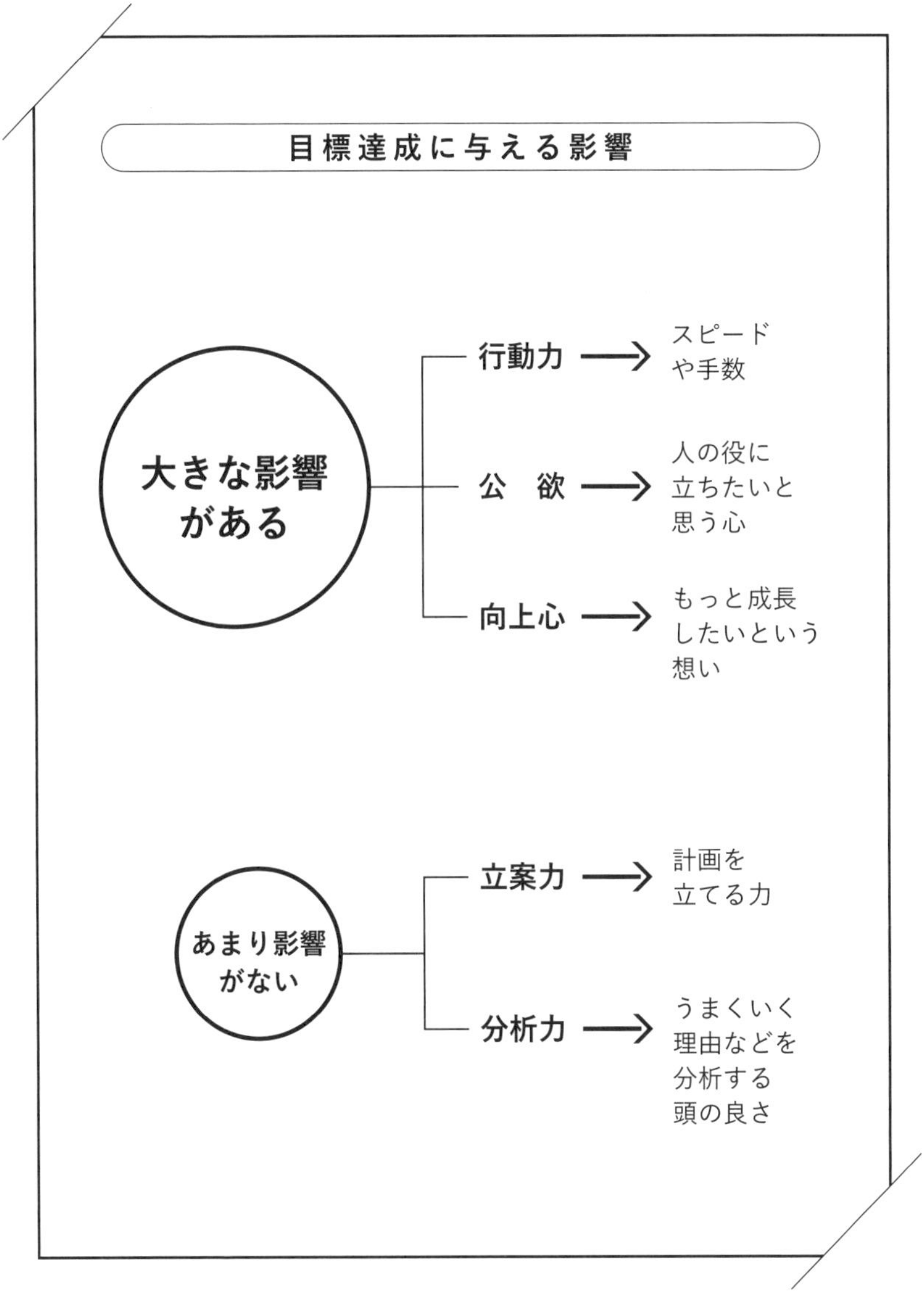
目標達成に与える影響
大きな影響がある
行動力
スピードや手数
公　欲
人の役に立ちたいと思う心
向上心
もっと成長したいという想い
あまり影響がない
立案力
計画を立てる力
分析力
うまくいく理由などを分析する頭の良さ

員は、お客様から問い合わせの電話を受けても、他にも仕事があって忙しいからと見積書の作成を後回しにするかもしれません。

行動することで情熱が生まれる！

では、どうやったらこの目標に情熱を持てるのでしょうか。

答えは、**人間の感情は理性に従うとは限らないが、行動には必ず従うという習性を利用するの**です。

つまり、やりたくない仕事を頭（理性）でいくら「どうせやらなきゃいけないのだから頑張ろう」と考えても、情熱は湧き出てきません。しかし、情熱を持っていなくてもスピード感のある動きをすることはできます。

最初はポーズでもよいので**情熱がある人と同じ行動をとっていれば、頭で「前向きに頑張ろう」と考えていなくても、後から情熱が生まれてくる**のです。

最初は乗り気でなかったり、面倒くさいなあと思っていたとしても、スピード感のある行動を続けているうちに、だんだんとまわりが喜んでくれたり、自分の成長が実感できたりして、情熱の炎が大きくなってくることはよくあることです。

「おっ、こんなに早く企画書を提出する人は初めてだ！　やる気あるね！」

「プランの提案は明日以降だと思っていたけど、たった1時間でご連絡いただけるなんてビックリしました」

こんな反応をお客様からいただけると、明日からはもっと早くやってやろうと情熱が湧いてきます。

また、

「今週は先週よりも重いウエイトを上げることができたぞ」

「何だか、ジョギングを始めてから疲れを感じなくなったな」

このような小さな手応えを感じられると、どんどん行動にのめり込み、拍車がかかります。

情熱は頭の中（**理性**）**でなく行動で作るもの**です。

自分はやり抜く力に自信がないとか、最近ちょっと情熱が冷めてしまっている気がすると思う人は、どうすれば情熱が湧いてくるかを考えるのではなく、目の前の行動のスピードを上げる、すぐにやってみるということを試してみてください。

感覚的にはいままでの3倍のスピードで行動しているくらいでちょうどよいと思います。考える時間もないほどの速度で行動してみると、自然と情熱がついてくるのに気づくはずです。

5・2 欲を力に変える方法

「人の役に立ちたい」と誰もが思っている

1つの有名な寓話があります。

ある人が道を歩いていると、レンガ積みをしている職人が3人いました。それを見て、「何をしているのですか?」と1人ずつに聞いていくと、

1人目の職人は、「給料をもらうために、レンガを積んでいるのさ」と答えました。

2人目の職人は、「建物に大きな壁を作るために、レンガを積んでいるのさ」と答えました。

3人目の職人は、「歴史に残る大聖堂を造って、みんなに喜んでもらうんだ」と答えました。

まったく同じように仕事をしている3人の中で、最もモチベーションが高く、目標達成力に長けている職人は誰でしょうか？

もちろん3人目の職人です。なぜなら、他の2人に比べて大きな公欲を持っているからです。

そして、この**公欲の大きさが、達成力を高める2つ目のカギ**になります。

第1ステップで、達成を喜んでくれる人の名前を書き出しながら、たくさんの人が喜んでくれる目標を設定するようにお伝えしたのはこのためです。

人の欲は「私欲」と「公欲」の2種類に分けることができます。どんな人でも、この2種類の欲を持っています。

私欲とは、自分が満たされたい、自分だけがいい思いをしたいという欲求です。

たとえば、食欲、性欲などが代表例です。

「お金持ちになりたい」「ボーナスをたくさん欲しい」「ビジネスクラスで海外旅行に行ってみたい」「大きな家が欲しい」といった物欲、金銭欲もありますし、「他人からちやほやされたい」「疲れているので空席があれば座りたい」「前をのろのろ走っている自動車を追い抜かしたい」といった欲もあるかもしれません。

人間も動物である以上、私欲をゼロにすることはできません。私欲の本質は「自分こそは生き残りたい」という動物の生存本能にあり、この欲がゼロになると、競争に敗れて生きていけなくなるからです。

一方で、公欲というのは、他人の役に立ちたい、世の中の役に立ちたいといった種類の欲です。

たとえば、「部下に成長してもらいたい」「社員にたくさんボーナスを払いたい」「家族に楽しんでもらいたい」「病気の人を元気にしたい」「立派な国を作りたい」「世界を平和にしたい」といったものになります。

「公欲なんてきれいごとだ」とか、「自分は私欲ばかりで、公欲なんて持てそうもない」と感じる人もいるかもしれませんが、**人間のＤＮＡには必ず公欲がインプットされていま**

す。

ゾウやクジラのように体が大きいわけでも、ライオンや馬のように足が速いわけでも、牛やサイのように力が強いわけでもない人間がこの地球で生き延び、食物連鎖の頂点に立つことができたのは、他の動物にはない「他の人と協力する」という能力があったからです。

人の脳は、自分だけでなく、他の人のために役に立つことを喜び、快感を覚えるようにプログラミングされていて、それはあなたも例外ではありません。

公欲も行動で高められる

私欲から出た目標より、公欲から出た目標のほうが達成力が高いのは、２つの欲は同じ欲でも、少し性質が違うことに理由があります。

私欲は、欠乏欲求とも呼ばれ、満たされていないうちは頑張ろうとしますが、満たされたとたんにやる気がなくなり、頑張らなくなってしまいます。

ライオンは、空腹にならない限り狩りをしないと言います。

人間でも、

・テスト前に焦って勉強したけど、テストが終わるとまた遊びほうけてしまう。結局いつも、勉強するのはテスト前だけだ
・モテるために一生懸命ダイエットしたけど、結婚したらすごく太った
・ボーナスをもらったときはやる気になったけど、しばらくしたらモチベーションも元に戻った

といったことがあります。私欲はすぐに飽きがきて、長続きしないのです。

一方で、**公欲はそれが満たされても、すぐに次の新たな公欲が生まれるので飽きるという現象がありません。**

満たされても限りなく次の欲求が湧いてくるので、「成長欲求」とも呼ばれます。

私欲を減らして公欲を増やす方法も、情熱の作り方と同じです。

頭で考えたこと（理性）が心の状態を作るのではなく、その人の行動が心の状態を作るので、まずは人のためになる行動をしてみればいいのです。

・今日は会社の前の歩道のゴミ拾いをしていたら、道行く人から「ありがとう」と声をかけられた。明日は向かいの歩道のゴミ拾いもしてみよう
・社内の顧客管理システムの使い方を解説するマニュアルを作ったら、後輩たちからす

ごく感謝された。今度は経理システムの解説マニュアルを作ってみよう

このような行動を続け、たくさんの人が喜ぶ経験を積んでいくことで、心の中に公欲を育てていくことができるのです。

5・3 仲間の存在が達成力を高める

環境によって成果は大きく変わる

仲間の存在は、目標達成力に大きく影響します。

「類は友を呼ぶ」という言葉があるように、人はどうしてもまわりの環境の影響を受けやすい生き物です。

まわりに頑張っている人がたくさんいる環境に身を置けば、自分ももっと頑張ろうと思いやすいですし、まわりにサボっている人ばかりがいる環境に身を置けば、自分も少しぐ

らいサボってもよいだろうと甘く考えてしまいがちです。

幕末の討幕運動と明治維新の中心になったのは、薩摩藩と長州藩でした。薩摩藩の西郷隆盛、大久保利通や長州藩の高杉晋作、伊藤博文、木戸孝允など現在の鹿児島県と山口県の政治家たちが近代日本を作り上げたのです。

では、なぜ明治政府を作り上げたメンバーがこの地域に集中したのでしょうか。他の地域には優秀な人材がいなかったのでしょうか。

私は、**能力に地域差があったのではなく、環境が大きく影響した**のだと考えています。勉強熱心で熱意があり、公欲の強い仲間たちが切磋琢磨する環境が、日本を代表するリーダーの集団を作ったのです。

仲間やライバルがいると刺激し合える

良きライバルがいる、ということも目標達成力を磨く力になります。

２０１６年のリオデジャネイロオリンピック（ブラジル）、競泳４００m個人メドレーで金メダルを獲得した萩野公介選手は、銅メダルを獲得した瀬戸大也選手と小さなころから勝ったり負けたりしながら切磋琢磨してきました。

２０１８年の平昌《ピョンチャン》オリンピックスピードスケート５００ｍでは、金メダルを獲得した小平奈緒選手と銀メダルを獲得した韓国の李相花《イ・サンファ》選手との良きライバル関係も、同様に大きく報道されました。

くじけそうなときに仲間や良きライバルがいることでお互いが刺激し合い、くじけず頑張れるのです。

実は、私が学生時代にともに司法試験の勉強をしていた仲間たちは、何と全員が司法試験に合格しました。「あいつができるなら自分にもできるはずだ」「あいつには負けたくない」「あいつも頑張っているから自分も頑張ろう」と刺激し合うことが心の栄養となり、高いモチベーションで勉強を続けられたからです。

このような例からもわかるように、行動が早い人のまわりには行動の早い人が、公欲の強い人のまわりには公欲の強い人が、目標達成力が高い人のまわりには達成力が高い人が集まります。

高い目標を達成したければ、同じような目標を目指す仲間を探し、互いに切磋琢磨するのが達成への近道になります。

5・4 一生使える「目標達成脳」の作り方

達成していく人の考え方

目標を立てるということは、意識的にいままでの自分を変えようとすることです。現状維持バイアス（40ページ）の壁があるので脳はストレスを感じ、ストレッチゾーンに居続けようか、コンフォートゾーンに戻ろうかと葛藤を始めます。

達成力が高い人とは、現状維持バイアスへの抵抗力が強く、ストレッチゾーンのストレスを楽しんで力に変えられる人です。

いつまでもストレッチゾーンに居続けることができるので、当たり前にできることがどんどん増えていき、次々と高い目標をクリアしていきます。

私は、このような習性や考え方を持った人の脳を**「目標達成脳」**と名づけ、コンフォートゾーンから抜けられず目標達成が苦手な人の脳を「**コンフォート脳**」と名づけることにしました。

「目標達成脳」を持つ人には、以下のような特徴があります。

- **ストレッチゾーンのプレッシャーが楽しい**
- **いままでにないことを経験できてワクワクする**
- **まず行動してみる**
- **うまくいったから自信がつく**
- **目標達成に情熱を注ぐから達成の意味がわかる**
- **自分で決めたことは何としてもやる**

一方で、「コンフォート脳」には以下のような特徴があります。

- **ストレッチゾーンのストレスが不快**
- **いままでにないことを経験することは不安**
- **まず頭で考える**
- **自信がないからうまくいかない**

・この目標に意味があるのだろうかと思う
・決めてもできないのはやる気が出ないせいだと考える

私の経験では、前者の脳は創造性に富んだタイプの人に、後者の脳はまじめで論理性に富んだタイプの人に多い印象があります。

達成できる人間、というセルフイメージに変える

そして、人は誰でも自分の「セルフイメージ」を持っています。セルフイメージとは、文字どおり、自分自身がどのような人間だと思っているかというイメージのことです。
「私はこういう性格だ」「自分にはこういうくせがある」という、無意識のうちに持っている思い込みのことを言います。

「自分は社交的な人間だ」「自分は内向的な人間だ」
「自分は運のいい人間だ」「自分は運の悪い人間だ」
「自分は明るい性格だ」「自分は暗い性格だ」

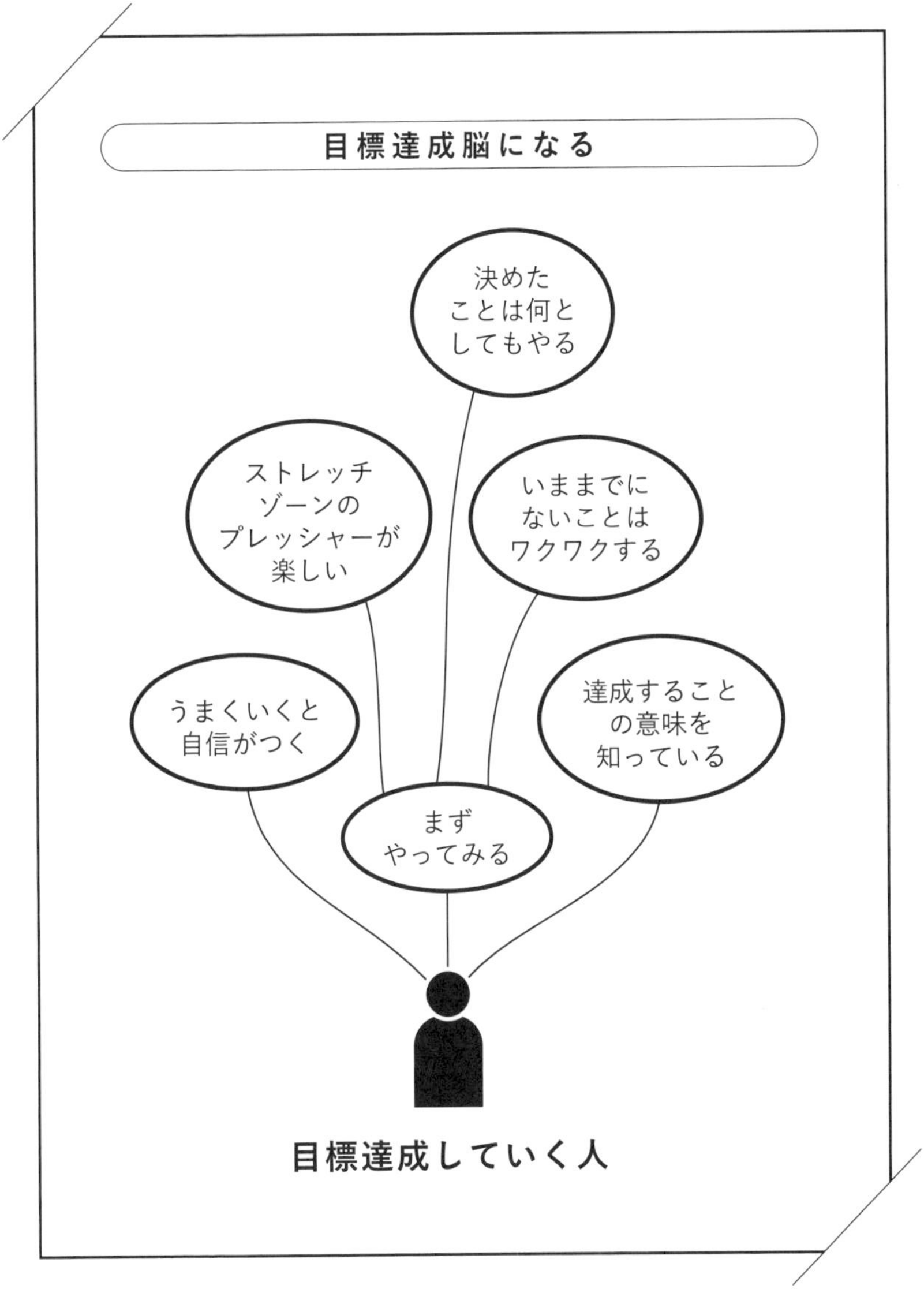
目標達成脳になる
決めたことは何としてもやる
ストレッチゾーンのプレッシャーが楽しい
いままでにないことはワクワクする
うまくいくと自信がつく
達成することの意味を知っている
まずやってみる
目標達成していく人

「自分は人前では人を笑わせる人だ」「自分は人前ではジョークなど言わない」
「自分は弱い人を見ると助けたくなる」「自分は弱い人の前では強さを誇示したくなる」
「自分は人よりも能力がある人間だ」「自分は人よりも能力が劣る人間だ」
…など、たくさんの例を挙げることができます。

脳は、自分のセルフイメージに合わない発言や行動、態度をとろうとするとストレスを感じ、何とかセルフイメージを守りたいという感情が発生します。

ですから、「自分は内向的な人間だ」というセルフイメージの人は、パーティーでスピーチをしなければならなくなったときにストレスを感じますが、「自分は社交的な人間だ」というセルフイメージの人は、パーティーでスピーチのマイクが回ってこないことにストレスを感じるのです。

さらに、「駅で財布を落として会社に遅刻した。でも戻ってきた」という同じことを経験しても、「自分は運が悪い」と考えている人は、「財布を落とした」「会社に遅刻した」など悪いことだけ自分の印象に残し、無意識のうちに「ほらね、自分は運の悪い人間だ」と思おうとします。

逆に、「自分は運がいい」と考えている人は「財布を拾ってもらえた」「いい人と出会えた」など、良いことだけを自分の印象に残し、「ほらね、自分は運のいい人間だ」と考えるのです。

セルフイメージには、知らず知らずのうちにイメージどおりの行動をとってしまうという大きな力があります。

ですから、達成脳のセルフイメージを持つ人は自然と目標を達成する行動を、コンフォート脳のセルフイメージを持つ人は自然と目標を達成できない行動をとってしまい、セルフイメージどおりの結果が起きることになるのです。

そこで、自分はコンフォート脳のセルフイメージを持っていると感じる人は、**セルフイメージを「自分は達成脳を持つ人間である」という内容に変えていく**ことで、達成力を上げることができます。

セルフイメージは変えられる

セルフイメージは、次の手順で変えることができます。

①「メタ認知」で自己対話の内容を客観的に把握する

「メタ認知」とは、自分の言動や感情、思考などを客観的にとらえることです。幽体離脱したもう一人の自分がいて、自分のことを客観的に上から見ながら操縦しているようなイメージです。

具体的には、「高い目標を達成したい」という思いと、「そんなに高い目標が達成できるわけがない」という思いがぶつかる心の葛藤を、もう一人の自分が冷静に眺めながら「はい、現状維持バイアスとの戦いが始まりました！」などと、自分で自分を実況中継している感じです。

自分を客観的に見られる人ほど、セルフイメージを自在にコントロールしやすくなります。

②現状維持バイアスを生み出す感情や気持ちの原因を突きとめる

「面倒くさい」「疲れている」「失敗すると格好悪い」など、言いわけをしてコンフォートゾーンに戻ろうとする感情を言語化します。

③その感情にうち勝つ言葉を言語化する

コンフォートゾーンに戻ろうとする自分（感情）に、メタ認知したもう一人の自分（理性）が説得を試みる台本を書きます。

「このくらい疲れているときでも、チャレンジしたことがあるじゃないか！　今日は負けるな！」「いまから始めれば、絶対失敗なんかしないぞ！」

このように語りかけて自分の感情を説得する言葉を増やしていきます。

④勝ったり負けたりしながら勝率を上げていく

現状維持バイアスにうち勝ち、ストレッチゾーンにいられた日は勝利、現状維持バイアスと戦ったけど「やっぱり今日は楽をしよう」とコンフォートゾーンに戻ってしまった日は敗北です。

勝つ日も負ける日もあってよいのですが、メタ認知を続け、現状維持バイアスと戦っていることを自覚しながら、次第に勝率を上げていきます。

⑤戦わなくてもストレッチゾーンに居続けられる状態になる

勝率が上がり、「私はそもそも、ストレッチゾーンを楽しむ人間だ」というセルフイメージができあがってくると、今度はコンフォートゾーンに戻ることがストレスになります。

この手順で順番にセルフイメージを変えれば、必ず達成脳を身につけることができます。

自分のセルフイメージを意識的に変えるのは難しいように思うかもしれませんが、それはこれまで、セルフイメージは変えられるということを知らなかったからです。

自転車に乗ったことがない人が、自転車に乗るのは難しいと感じるのと同じで、決められた手順をたどれば誰でも自然とできるようになります。

人はまったくできなかったことが簡単にできるようになるまでには、4つの段階をたどります。

【第1段階　無意識的無能】わからない状態

「知らないからできない」という状態です。

自転車はペダルを回すと前進するとか、ハンドルを倒すと曲がるということを知らない

セルフイメージの変え方

①「メタ認知」で自己を客観視する

↓

②現状維持バイアスを生む感情を突きとめる

↓

③その感情にうち勝つ言葉をかける

↓

④勝ったり負けたりして勝率を上げる

↓

⑤ふつうにストレッチゾーンにいられるようになる

セルフイメージが変わる

ので、運転することができない、という状態です。

【第2段階　意識的無能】わかっているけどできない状態

「知っている、わかっているけどできない」という状態です。

自転車は、左右のバランスをとりながらペダルを回すと前進することや、ブレーキを握ると止まると知っているけど、運転はうまくできないという状態です。

【第3段階　意識的有能】意識しながら頑張ってやっている状態

「一生懸命練習して体に覚え込ませている」段階です。

自転車に乗り、意識を研ぎ澄ませて、右に傾きそうになったら重心を左に、左に傾きそうになったら重心を右に微調整しながら運転をしている状態です。

【第4段階　無意識的有能】当たり前にやっている状態

「無意識的にやっている」状態です。

自転車のペダルをこぐスピードや重心の位置、左右のブレーキのバランスなどを意識しなくても、何となく目的地まで移動できるという状態で、「できる」というより「できてしまう」という状態です。

セルフイメージなんて簡単に変えられるはずがないと思っていた人は、変え方を知らない第1段階（無意識的無能）であっただけです。

そして、メタ認知による現状維持バイアスとの戦い方を知ったことで、いまは第2段階（意識的無能）になりました。あとは今日から実践することで、必ず第3段階、第4段階に進むことができます。

5・5 達成上手たちの意外な考え方

意外に思われるかもしれませんが、高い目標を次々とクリアしていく達成上手たちは、毎日の仕事や生活の中で、あまり強く目標の達成を意識していません。達成上手が達成を意識していないなんて矛盾していると思うかもしれませんが、本当なのです。

そこで、この章の最後に、次々と目標を達成していく人たちが普段どのような考え方で仕事やプライベートの生活を送っているかについてお伝えしましょう。

目標は「成長と貢献」のためにある

目標達成に慣れていない人は、設定した目標を達成すること自体を目的にしてしまいます。しかし、達成上手たちは、目標の設定と達成は仕事や人生を成功させるための手段にすぎないと考えています。

もちろん、彼らも、設定した目標は達成したいと考えています。では、なぜ目標を立て、達成を目指すのかといえば、それは**「自分が成長し、誰かの役に立つため」**です。

「前期は1000万円だった売上を、今期は1200万円にしよう」「体重を5キロ減量しよう」「今度のイベントで200人の集客を達成しよう」

など、どんな目標も、いままではできなかったことや、いますぐにはできないことを、未来に達成するためのものです。

そして、目標を達成すると、つまり、それまでできなかったことができるようになると、「収入が増えた」「かっこよくなった」「まわりから評価された」など、必ず人は成長して自信をつけます。

目標を達成して成長するのは自分だけではありません。

本人が目標を達成し、成長することは、同時に誰かの役に立っています。家族、職場の仲間、会社、お客様、世の中など、自分以外の誰かも喜んでいます。達成が誰かの役に立つという貢献の喜びが、さらに高い目標に挑戦する原動力となるのです。

未達は恥ずかしいことではない

達成上手は、たとえ自ら立てた目標を達成できなくても、恥ずかしいとは考えていません。

「結果は選べない、行動は選べる」というように、精一杯できることをやったのであれば、たとえ思いどおりの結果が出なかったとしても仕方がないと考えます。

そもそも、成長したり貢献したりすることが目標達成の目的ですから、たとえ数値目標に達しなかったとしても、精一杯やった結果、自らが以前より成長できていたり、誰かの役に立つことができていた場合には、チャレンジに大きな意義があったことになります。

もちろん、達成できなかったことは反省し、すぐに頭を切り換えて「次はどうやれば達成できるか」と考えています。

要するに改善のＰＤＣＡサイクルが速いのです。

達成はすごいことではない

逆に、仮に高い目標を達成しても、それがすごいことだとは考えていません。

周囲は達成した成果だけを見て「すごい、すごい！」と称賛しますが、**本人は達成までの道のりを徹底的に逆算してアクションプランを決め、やればできるアクションプランを地道にやった結果だから、ちっともすごいと感じていない**のです。

私もこれまでに一度だけ、同じ経験があります。

数年前に１００キロマラソンに挑戦し、完走したときに、まわりの人たちから「すごい、すごい！」とほめてもらったというものです。

しかし、私はそれまでほとんど運動をしておらず、最初は３キロも走れなかったのですが、フルマラソンを経験し、１００キロマラソンへの挑戦を決めてからは１年計画でトレーニングメニューを考え、60キロ、70キロ、80キロと走れる距離を伸ばしていったのです。

普通、１００キロを走ろうなどとは考えないものですが、こんな私にもできたのですから、現状維持バイアスの壁を乗り越えて、やると決めて、プランを練り、実行していくだけで、誰にでも「すごい！」と言われるような目標を達成できることがわかったのです。


この話には後日談があります。１００キロマラソンを完走した数日後に、私は親しくしているＴ社長の会社のパーティーに参加していました。

Ｔ社長の会社の業績は躍進を続けていて、「前期は20億円、今期は40億円、２年後には１００億円を達成するつもりだ」と経営方針を話していました。

参加者たちは口々に「Ｔ社長はすごい！」と感嘆の声をあげていましたが、このとき私は、「なるほど、Ｔ社長自身はすごいと感じてないな」とわかったのです。

１００キロも１００億円も考え方は同じで、この社長は１００億円を達成すると決め、どうすれば達成できるかを逆算してアクションプランを作って実行しているだけだということです。


普通の人が足し算をしているのに、達成上手には特殊な能力があって、いつもかけ算で駆け上がっていくように思われがちです。しかし、彼らは他人の何倍ものスピードで足し

算を続けているだけなのです。
そして、目の前の目標の達成が見えてきたころには、その目標への興味は薄れ、頭の中では次のさらに高い目標を考え、シミュレーションしているのです。

成長とはリスクをとること

達成上手たちは、とにかくすぐに行動をしたがります。

「成功」の反対は「失敗」ではなく、「行動しないこと」だと考えていますから、たとえ行動することにリスクがあっても、あまり躊躇しません。

達成が苦手な人は、安易に行動して失敗すると後悔するだろうと考え、よく考えてから行動しようとします。しかし、**達成上手たちは、行動をすればその決断を後悔することはないということをよく知っています。**

人には「インパクトバイアス」という心理的な生存本能があって、大きな失敗や不幸に思える事柄に遭遇しても、本人は思ったほどショックを受けず、元の幸福レベルを回復する性質を持っています。

目標達成している人の考え方

- 目標は成長と貢献のため
- 未達は恥ずかしくない
- 達成はすごいことではない
- 成長とはリスクをとること

ですから、行動したことで後悔することはほとんどなく、後悔は「行動しなかったこと」に対して起きる感情だったのです。

成功者と呼ばれる人たちは必ず多くの失敗を経験していますが、異口同音に「あれは成功するために必要な失敗だった」と言うのです。

船井総研の創業者である船井幸雄氏は、コンサルタントの第一人者として数万人のビジネスマンを観察し、「人はリスクをとって実際に行動し、責任をとることでしか成長しない」と気づいたそうです。行動しないという選択をすることは「成功したくない自分」を表現すること、現状維持バイアスの壁のせいで行動にはストレスを感じますが、行動すれば、成長できて後悔しないのです。

第５章
一生使える「目標達成脳」の作り方のポイント

1　「スピード」をもって「行動」すると情熱が生まれる

2　「人の役に立ちたい」気持ちを活用する

3　まわりに仲間やライバルを作る

4　「達成できる人」というセルフイメージに書き換える

5　達成している人の考え方

→目標は成長と貢献のためにある

→未達でも恥ずかしくない

→達成は別にすごいことではない

→成長とはリスクをとること

第6章

チームで目標を達成するためのリーダーの心得

Goal Achievement

How to Get the Best Results

6・1 チームで目標を達成すると喜び倍増

第5章までは、個人の目標を達成するための、目標達成までの3つのステップをお伝えしてきました。

この最終章では、チームで目標の達成を目指す際に、チームリーダーが果たすべき役割や考え方をお伝えしたいと思います。

個人で目標達成を目指す場合、アクションプランはすべて自分でコントロールできるので、自分さえ頑張れば目標をクリアすることができます。

しかし、チームで高い目標に挑戦する場合には、いくらリーダーが頑張っても、メンバーの力を結集できなければゴールにたどり着くことはできません。そういった意味で、チームでの目標達成は難易度が上がります。

しかし、チームの場合、個人の目標と違って、目標が必然的に「達成すると自分以外の人（＝チームメンバー）が喜ぶ目標」になっていますので、最後まであきらめずにやり抜こうという情熱がメンバー間に生まれます。自分があきらめると他のメンバーに迷惑をかけることになるため、責任感も増します。

チームで目標を目指す３つのステップ

チームでの目標達成はメンバーとともに目指すため、苦労も大きい分、一人で目標を達成したときの何倍もの喜びを味わうことができます。

一つの目標を目指すプロジェクトが終了した後も、苦楽をともにしたメンバーとの結束や友情、仲間意識はずっと残ることでしょう。

高校時代の部活の仲間や大学時代のゼミの仲間が一生のつきあいになるのは、ただ一緒にいる時間が長かっただけではなく、同じ目標に向かって助け合い、励まし合ったからなのです。

チームにおける目標達成でも、「楽観的に構想し、悲観的に計画し、楽観的に実行する」という3つのステップは、基本的に同じです。

ただし、チームならではの注意点がいくつかあります。

具体的には、

【第1ステップ】達成できる目標を設定するために

・とにかくメンバーがワクワクする目標設定をする
・トップダウンでボトムアップのような目標を設定する
・なぜ、この目標を達成しなければならないかを共有する

【第2ステップ】絶対に目標達成できる実行計画になるように

・目標をメンバーに周知徹底する
・メンバーが現状維持バイアスを外せるような役割を与える
・メンバーと一緒に役割を考える

【第3ステップ】メンバーが目標を達成するまでやり抜けるように

・メンバーの進捗を管理して、計画が狂ったときは修正する
・メンバーのモチベーションを高く保つ
・チームの一体感を演出する

といった配慮がチームを目標達成に導きます。

チームの目標達成の流れ

第１ステップ

- メンバーがワクワクする目標設定
- トップダウンでボトムアップの目標
- なぜ、この目標かを共有

第２ステップ

- 目標をメンバーに周知
- 現状維持バイアスを外せる役割を与える
- 一緒に役割を考える

第３ステップ

- 進捗管理して、修正する
- モチベーションを高く保つ
- チームの一体感を演出する

それでは、それぞれのステップについて順番に、高い目標を目指すリーダーの心得をお伝えしていきます。

6・2 トップダウンでもボトムアップでもない目標の作り方

個人でもチームでも、目標を設定するときの基本は変わりません。

- **できそうな目標でなく「やりたい」目標にする**
- **検証可能性がある目標にする**
- **目標に期限を入れる（曜日も入れる）**
- **高すぎない目標にする**

が基本です。

リーダーはワクワクする目標を示す

チームの目標を作るときに気をつけなければならないのは、リーダーはもちろんのこと、メンバー全員がワクワクする目標にしなければならないということです。

たとえば、社長から「今期は念願の売上10億円を達成することができた。来期も、みんなで一丸となって売上10億円を維持しよう！」と、今期と同じ売上目標を宣言されて、社員たちはワクワクするでしょうか。

社員にとっては、自分が働く会社が将来成長していくという希望が、やりがいとなります。社長が現状維持でよいと考えているようでは、社員たちが「ますます頑張って働こう」とは思えないはずです。

稲盛氏は京セラを京都市中京区西ノ京原町というところで他の会社の倉庫を間借りして創業しました（当時は京都セラミック）。

しかし、会社が小さかったころから「いまに、この会社を原町一の会社にする。次は中京区一の会社にする。それができたら京都一にする。京都一になったら、日本一にする。

そして次には世界一だ」と社員に向けて話していたそうです。

高い目標をかかげ、本当にそれが達成できると信じていたからこそ、社員がワクワクして一丸となり、いまの京セラができたのでしょう。

目標は売上でなくてもいい

また、会社にとっての目標は、必ず売上予算に設定しなければならないわけではありません。

売上がまだ少ない会社や社歴の浅い会社は、チームが成長するワクワクするような未来の売上を描いて、メンバーをモチベートすることが比較的簡単です。前年比130％の売上や、5年で5倍の売上を達成するといった大躍進も可能だからです。

しかし、社歴が長く、業界シェアが高いような会社の場合は、売上を一気に伸ばすことは難しく、売上目標ではメンバーがワクワクしない可能性があります。

そのような場合には、「今期発売する新製品で、5000万円の売上を達成しよう」とか、「わが社のサービスをテレビで取り上げてもらおう」といった目標を立てることで、メンバーのワクワク感を高めることができます。

気をつけたいのは、**リーダーにとってワクワクする目標が、チームのメンバーにとってもワクワクする目標であるとは限らない**ということです。

特に職場では、リーダーは売上や利益といった数値目標に目が行きがちです。しかし、最近では売上や利益よりも「お客様からの感謝」や「ワークライフバランス」に関心がある社員が増えています。

そこで、目標を「お客様アンケートで平均4点を突破しよう」とか、「残業時間を30％削減しよう」といったことに設定してみるのもいいでしょう。

顧客満足や従業員満足が向上すれば、会社の売上や利益も増えるはずですから、リーダーにとってもメンバーにとってもワクワクする目標になるはずです。

「トップダウンでボトムアップの目標」とは？

チーム目標を設定するときに、私がよく受ける質問があります。

それは、「チーム目標は、誰がどのようにして作るのですか？」という質問です。

会社の売上を目標に設定する場合を例に説明しましょう。

目標の作り方としては、リーダーが決めてメンバーに伝える「トップダウン方式」と、メンバーがそれぞれの目標を決め、それらを積み上げてチームの目標とする「ボトムアップ方式」の2種類が考えられます。

そして、どちらの方式にもメリットとデメリットがあります。

トップダウン方式は、高い目標を設定しやすいというメリットがありますが、メンバーは「上からやらされている」と感じ、本気になりにくいというデメリットがあります。

一方でボトムアップ方式は、メンバーが自分で決めた目標だという当事者意識を持ちやすいというメリットがありますが、やりたいことよりできることを優先しがちで、高い目標になりにくいというデメリットがあります。

そこで私は、両方のメリットをいいとこ取りして、**チーム目標は「トップダウンでボトムアップの目標を作る」**ことをおすすめしています。

つまり、社長が一方的に決めた売上目標では、「そんなの無理だ！」「勝手に決めるなよ！」などと、社員は押しつけられた目標と感じてしまい、本気になれません。

そこで、まずは部下たちに本気になれる数字を持ち寄らせ、ボトムアップで目標数字のたたき台を作ります。

トップは持ち寄られた数字を見て、「まだまだ足りない」「もっとできるだろう」というメンバーに対しては、「できる数字ではなくてやりたい数字を目標にしよう」「お前が本気を出したらこんなもんじゃないだろう」などと言いながら、もう一度目標を考え直してもらうのです。

こうして、メンバーがやろうと考える数字と、トップがやれると考える数字が一致するまで何度もやりとりを繰り返します。

このようなやりとりをすることで、一方的に与えられた目標の場合と違い、メンバーにも当事者意識が出るので、高い目標であっても達成できる確率が高まるのです。

ただし、トップダウンでボトムアップの目標を作ると、トップとメンバーとの間で何度もやりとりをするため、目標ができあがるまでに時間がかかります。

ですから、毎年の売上予算などあらかじめ達成期限が決まっている目標を作る場合には、なるべく早めに次の設定目標の検討を始めなければなりません。

私がコンサルティングをさせていただいている会社の社長には、**会社の次の期の売上予算（経営計画）は、遅くとも現在の期が締まる3か月前から検討する**ようにお伝えしています。

私自身の会社は12月決算ですので、毎年10月から、次の期の目標についてメンバーと意見の交換をはじめ、新しい期が始まるときには考え抜かれた高い目標を、メンバー全員で共有できるようにしています。

なぜ、この目標なのかを伝える

そして、もう一つ、チームで目標を設定するときに必ずリーダーにやってもらいたいことがあります。それは、「**なぜ私たちがこの目標を達成する必要があるのか」ということを、全メンバーの前で宣言する**ことです。

目標はたくさんの人が喜ぶものにしなければなりませんが、チームの目標を達成することで誰を喜ばせたいかをメンバーに説明するのもリーダーの役割なのです。

具体的には、目標達成することで

①メンバーにどのようなメリットがあるか

②会社にどのような貢献ができるか

③お客様や社会がどのように喜ぶか

を伝えることになります。

「会社が儲かればいい暮らしができる」と考えている社長や、「部署で最高の営業成績を出せば、自分が出世できる」と考えている部長のために全力で頑張ろうとする部下など、いるはずがありません。

社員は、**頑張ることで自分にメリットがあるとか、誰かに喜んでもらえると実感できることで本気になれる**のです。

特に、若い社員は③の「会社のために頑張ることがどのようにお客様や社会のためになっているのか」を理解できないことがあります。

ゴミ回収業のY社長は、「私たちの仕事は、家庭から出たゴミが自然環境を破壊することを防ぎ、住みやすい社会を子供たちに残すことだ。売上を伸ばすことは地球を守ることになるので頑張ろう」と話しているそうです。

また、保険代理店のS社長は、期初に社員たちの前で「一家の大黒柱がケガや病気をしても、生命保険に入っていれば家族の生活が守れる。生命保険は、たくさんの家族が安心して暮らせるようになる素晴らしい商品だ。この素晴らしさを世の中に伝えるため、今期は何としても、私たちの会社で売上1億円を達成して、たくさんの家族を幸せにしよう！」といった話をしたそうです。

人には「他人の役に立ちたい」という公欲がありますから、リーダーはメンバーに「目標を達成すれば給料が上がる、ボーナスが出る」といった私欲を満たすメリットだけでなく、**公欲を満たすメリットも伝えてあげるのがポイント**です。

6・3 アクションプランは「期待」と一緒に伝える

目標達成の第2ステップは、実行計画を作ることです。

以下のとおり、このステップも基本的には個人のアクションプラン作りと、考えることは同じです。

・達成までの道のりを徹底的に逆算する

- いつまでにどのような状態になっているかのマイルストーンを置く
- 商品（サービス）ごとや人ごとに目標をブレイクダウンする
- 絶対にできることをアクションプランにする
- 「まさか！」に備えて悲観的に構想する

質問をしながらアクションプランを伝える

ただし、チームで目標達成を目指す場合、リーダーはメンバー全員のアクションプランを考えなければなりません。

１つの大きなチーム目標を達成するために、リーダーは各メンバーの得意分野や適性を見極めて、役割分担を考え、アクションプランを決める必要があります。

当然、チーム目標のアクションプランは、個人目標のそれに比べて何倍も複雑で、頭を使うことになります。

そこで、目標を設定するときと同様に、アクションプランを考えるときも、リーダーがすべてを一人で決めず、メンバーの意見も聞きながら作るようにします。メンバーの当事者意識が高まるだけでなく、ときにはリーダーが思いつかなかったような素晴らしいアイデアが出てくることもあります。

リーダーからアクションプランを与えられるより、メンバーが自ら考えたアクションプランのほうが、やる気が出るのは当然ですから、**リーダーはメンバーにやってほしいと考えるアクションプランをあえて言わず、目標を達成するために良いアクションプランがないかと質問をしてみるのも効果的**です。

たとえば、研修会社で会員企業を2割増やすという目標のために、あなたが「毎月2回開催していたセミナーを、今年から毎月4回の開催に倍増させる」というアクションプランを考えていたとします。

このとき、部下に「今期は、会員企業を2割増やすために毎月4回、セミナーを開催することにした。君には責任者となって開催日を調整し、会場をおさえてほしい」と伝えると、その部下はアクションプランを押しつけられたと感じてしまうかもしれません。

そこで、「今期、会員企業を2割増やすために、君だったらどんなことをやってみる?」と質問をしてみるのです。

「セミナーの回数を2倍に増やしてみたらどうでしょうか?」と返事がきたら、すかさず

「それは素晴らしいアイデアだ！　ぜひやってみよう。君に任せるから開催日と会場を決めてほしい」と伝えれば、その部下はワクワクしながら会場を探してくれるに違いありません。

目標とアクションプランを何度も何度も伝える

チームの目標とアクションプランを作ったら、これをメンバー全員で共有しなければなりません。実はやってみると、これが結構難しいことなのです。

私は、よく、社長が集まる講演会で「いまより経営をよくしたい方は手を挙げてください」と質問をします。この質問には、ほぼ全員の社長が手を挙げます。

次に、「今期の売上目標を明確に決めている方は手を挙げてください」と質問します。この質問には、大体8割くらいの社長が手を挙げます。目標には検証可能性が必要なので、明確な数値目標がないと経営は良くなりません。

そして最後に、「では、その目標を全社員と完全に共有している方は手を挙げてください」と質問をします。すると、手を挙げる社長の数が一気に減り、手を挙げ続けている社長は3割くらいになります。

いくらトップが高い目標を立てて張り切っていても、会社経営はチーム戦です。社長一人で目標を達成できるわけがなく、社員の力を借りなければいけないのに、その社員たちが目標やアクションプランを理解していなかったとしたら、目標を達成できる可能性は限りなくゼロに近くなります。

そして、リーダーは目標やアクションプランを一度メンバーに伝えれば、メンバーは理解したものと思いがちですが、一度や二度説明したくらいでは、メンバーに目標は伝わっていません。

稲盛氏も京セラフィロソフィに「目標を周知徹底する」という項目を設け、中間目標やアクションプランなどは全員の頭にしっかりと入っていて、職場の誰に聞いても即座にその数字が口をついて出てくるようでなければならないと説いています。

リーダーはメンバーが目標やアクションプランを共有してくれるまで、何度も何度も伝え続ける必要があります。

もちろん、伝える際には、「この目標はなぜ達成する必要があるのか」「目標を達成するとどんなにいいことがあるか」についても伝えるようにしてください。

メンバーに期待と肩書きを伝える

メンバーに目標やアクションプランを伝える際には、**メンバーの役割だけでなく、メンバーに対する期待や、それに見合った肩書きを一緒に伝えるのが効果的**です。

人には「まわりから期待されたい」という欲求があり、「期待されると自信を持つようになる」という習性があります。そして、その習性を利用することで、メンバーを成功に導き、成長させることができるのです。

たとえば、今期のチーム売上目標1億円のうち、Aさんに4000万円の売上を稼ぎ出してほしいと考えているとします。

リーダーがAさんに「チームの売上目標1億円のうち、君には4000万円を受け持ってほしい」とだけ伝えたとすると、Aさんは「何で自分がそんなにたくさんやらなきゃいけないんだ」「去年もチームトップの売上だったのに、ボーナスは少ししかもらえなかった」などと考え、また面倒を押しつけられたと感じてしまう危険があります。

しかし、「このチームのエースは君しかいない。今期も頼ってしまって申しわけないけど、何とか4000万円の売上を目指してくれないか」と伝えた場合はどうでしょうか。

Aさんは、エースとしての役割を期待されていることを感じ、自信を持ちます。チームの中で一番大きな売上予算を任されたことに気をよくし、「よし、今年もチームのために頑張ろう」と張り切ってくれるはずです。

メンバーに肩書きを与えることは、期待を伝えることにつながります。それにより、モチベーションも上がります。

たとえば、数名の部下をまかせて売上の数字に責任を持ってもらう場合には、「営業部第一課長」「営業部ユニットリーダー」といった肩書きを与えてもいいでしょう。

新しい営業手法を考えて実行したり、新商品のキャンペーンをするといった期間限定の役割を与える場合には、「プロジェクトリーダー」「ワーキングチームリーダー」などの肩書きを考えることで、メンバーのやる気と当事者意識が高まります。

その役割をしてもらう理由を伝える

また、メンバーには**期待だけでなく、その役割を担う理由も伝えると、さらに効果が高**

まります。

たとえば、それまで経理部に配属されていたBさんに、今期から営業を担当してもらうことを考えているとします。

部署異動の理由を説明せずに、「Bさんには今期から営業を担当してほしい。売上2000万円を目指して頑張ってくれ」と、役割だけを伝えると、「自分は経理で頑張っていたのに、なぜ営業に移らなければならないのだろうか」「もしかすると、あまり期待されていないのかもしれない…」とBさんに勘違いをされてしまうかもしれません。

そこで、「Bさんには将来、会社の幹部として活躍してもらいたいと思っている。そのためには、経理だけでなく営業の仕事も経験して社内の仕事を広く理解してもらいたいんだ」などと、営業を担当してもらう理由を説明するのです。

特に、本人が気づいていないその人の長所や優れている点を挙げながら理由を説明すると、一気に納得感が高まります。

「Bさんが普段、他のメンバーと話をしている様子を見ているけど、Bさんほど人の気持ちを察することができる人はなかなかいないと思う。そのコミュニケーション能力は、お客様と会って話をする営業の仕事にぴったりだと思うんだ」と説明すれば、Bさんは、営業に前向きに取り組んでくれるでしょう。

それだけでなく、上司からコミュニケーション能力が高いと言われたことで「自分はコミュニケーション能力が高い人間である」というセルフイメージができあがり、無意識のうちにお客様の前でも社交的に振る舞おうとしますから、Bさんが営業で結果を残す可能性を高めることもできるのです。

6・4 指示に従いたくなる名監督の条件

誰もが素直に指示に従ってくれるわけではない

達成脳を持った人は、とにかくリスクを恐れず行動できる人だとお伝えしましたが、チームで目標を達成する場合は、これがそのまま当てはまるわけではありません。

プロ野球などスポーツの世界に「名選手、名監督にあらず」という言葉があるように、良いプレイヤーと良いリーダーは、必ずしも一致しないからです。

チーム目標の達成に向けて、第3ステップの実行段階に入った後は、リーダーは各メンバーが決められたアクションプランを実行できているかをチェックし、予定どおりのマイルストーンをクリアできないメンバーのアクションプランの修正に力を貸すなどアクションプランのＰＤＣＡサイクルを回し、メンバーに指示を出すことが役割になります。

達成上手のリーダーとは、的確な指示を出せるだけでなく、その指示をメンバーが受け入れて、素直に実行してもらえるリーダーです。

リーダーが的確な指示を出せば、メンバーは必ずその指示に従うと思うかもしれませんが、そうではありません。

具体的には、

①リーダーの言っていることをメンバーは間違っていると思っている場合

②リーダーの言うことをメンバーは聞く気がない場合

には、リーダーが的確な指示を出してもメンバーは従ってくれません。

人間には、「理性をつかさどる脳」(理性脳=大脳皮質)と「感情をつかさどる脳」(感情脳=大脳辺縁系)があります。

先ほどの①のように、「言っていることが間違っている」と思っている場合にはメンバーの理性脳が納得せず、②のように「言うことを聞く気がない」ときにはメンバーの感情脳がリーダーの指示に納得していません。

どちらの場合も、「オレがリーダーなのだから、メンバーはオレの言うことを聞け!」と地位や肩書き、権力でねじ伏せようとしてもうまくいきません。

具体的な対処法をお伝えいたします。

①の場合、メンバーはなぜその目標で、なぜ自分にそのような役割が与えられたのかを理解できていません。ですから、役割やアクションプランの必要性や、そのメンバーが適任であることを、客観的な理由と一緒に説明してあげてください。

たとえば、見込み客への接待を繰り返して顧客開拓をしている部下に、既存客への訪問回数を増やすように指示する場合には、新規顧客より既存客のほうが利益率が高いことや、新規契約は既存客からの紹介があったほうが成約率が高いので接待の必要はないことなどをデータとともに示してあげるのがよいでしょう。

信頼されていないと動いてくれない

難しいのは②の「言うことを聞く気がない」場合です。

メンバーがリーダーの言うことを聞く気になれないのは、リーダーが信頼されていないからです。

人は、信頼する人の話は（内容が正しいかどうかをあまり考えずに）受け入れますし、信頼できない人の話は（内容が正しくても）受け入れたくないと考えます。

ですから、メンバーから信頼を集めるリーダーになれば、メンバーは喜んでリーダーの話を聞いてくれるようになります。

私はこれまで、弁護士、税理士、経営コンサルタントなどの立場から、上場を果たしていく会社の社長をはじめ、次々と目標を達成していくたくさんのリーダーを見てきました。

目標を達成し続けるリーダーは、もちろんメンバーからの信頼が厚いのですが、**信頼さ**

れるメンバーには共通点が5つあることに気がつきました。

この5つを意識すれば、必ずリーダーの言うことをメンバーに素直に聞いてもらえるようになります。

（1）人の話をよく聞く

信頼されるリーダーは、とにかくメンバーの話をよく聞きます。

経営の神様とも言われる松下幸之助は部下の話を聞く天才だったそうですし、江戸幕府を築いた徳川家康もどんなときでも辛抱強く家臣の話を聞いたと伝えられます。

部下は、勇気を持って発言しても、途中でさえぎられたり言下に否定されてしまうと、その後は思ったことを口にできなくなります。

特に、優秀なリーダーや頭のいいリーダー、経験が豊富なリーダーは、メンバーが少し話し始めると、そのメンバーが何を言いたいのかをすぐに理解してしまったり、そのメンバーの意見が間違っていることがわかってしまうので、話の途中でもつい自分の意見を言ってしまいたくなります。

しかし、とにかく最後まで話を聞き、意見を言ってくれたこと自体をほめたり、「なるほど、そういう考え方も確かにあるな」とメンバーの意見を肯定してあげると、メンバーのリーダーに対する信頼感は一気に高まります。

ですから、どんなときでもメンバーから話しかけられたときには手を止め、じっくりとメンバーの話に耳を傾けてください。

(2) 常に一貫性がある

一貫性のない人は信頼されません。

口ではもっともらしいことを言っていても、行動と一致していないリーダーを見ると、メンバーの心は一気に離れていきます。

「業績が上がったらみんなの給料を上げたい」と言いながら、目標を達成したら真っ先に高級車を買ってしまうような社長が典型例です。

言行一致だけではありません。相手によって態度を変える人物も信頼されません。上司に対してごまをすり、部下に対してはえらそうな態度をとるリーダーや、お客様にはニコニコ笑顔で頭を下げるのに、社員には怒鳴り散らしている社長は信頼されません。

また、置かれた状況によって態度が変わるリーダーも信頼されません。新しい契約が決まったときは機嫌がいいのに、お客様からクレームが入ったとたんにイライラするようではいけません。

（3）よく感謝する

信頼されるリーダーの口ぐせは「ありがとう」「みんなのおかげ」です。そして、本当に心からメンバーの存在と頑張りに感謝しています。

「ありがとう」の反対語をご存知でしょうか。

「ありがとう」は、「有難い」という意味で、その反対語は「当たり前」です。

このことを知って私は、とても納得させられました。人は、当たり前ではないと感じたときに、感謝の念が湧いてきます。

一般的に、仕事ができる人は当たり前と感じるレベルが高いので、リーダーになってもメンバーに高望みをしてしまいます。

「何でそんなことができないんだ」「何で一度聞いて理解できないのだ」などと不満を感じ、感謝することができません。

しかし、当たり前のレベルを下げ、「一緒に目標を目指すメンバーがいることは当たり前じゃない」「部下がここまで仕事ができるようになったのは当たり前じゃない」と感じられれば、いつでも感謝できるようになるのです。

そして、感謝の言葉を口にするときの意外な強敵が「照れくささ」です。

お客様には平気で「ありがとうございました！」と感謝の言葉を伝えられるのに、部下に対しては「本当にありがとう！」と言えないリーダーがいます。これは、照れくさいという感情が邪魔している証拠です。

特に、身近な人に感謝を伝えるときほど照れくささを感じます。両親や夫、妻に感謝を伝えるなどが典型例です。

照れくさくても、一度感謝を伝えてしまえば、二度目以降はハードルが下がります。「当たり前」のレベルを下げ、「照れくささ」に負けなければ、誰でも感謝するリーダーになることができます。

（4）公欲が強い

自分が手柄を立てたい、目標を達成して自分が出世したいなど、私欲の強いリーダーは信頼されません。

メンバーのボーナスを増やしたい、会社を成長させたい、メンバーを成長させたい、社会の役に立ちたいなど、公欲の強いリーダーほどメンバーからの信頼を集めます。

私が上場をお手伝いした会社の社長たちは、みな公欲の強いリーダーでした。「資金を調達してさらに会社を大きくし、社会の役に立つ会社にしたい」とか、「上場することによって社員たちが誇りを持って働ける会社にしたい」など、強い公欲から上場を目指した社長ばかりで、「上場したら株を売却して大金を手にしたい」などと考えている社長は一人もいませんでした。

（5）すべてを自責で考える

できない原因やうまくいかない理由を他人のせいや、メンバーのせいにしているリーダーは信頼されません。チームを目標達成に導くリーダーは、ものごとを他責でなく自責で考えています。

他人を変えることは容易ではありませんが、自分が変わることで他人との「関係性」を変えることはできます。自分の行動は変えられるのです。

うまくいったことやお客様からほめられたときはメンバーの手柄にし、悪い結果やクレームが発生したときは率先して責任をとるリーダーが、メンバーから信頼されるのは当然のことです。

信頼されるリーダー

①人の話をよく聞く

②常に一貫している

③よく感謝する

④公欲が強い

⑤すべてを自責で考える

6・5 モチベーションを高めるためにやるべき5つのこと

チームで目標達成を目指すときは、メンバーのモチベーションやチームの雰囲気が、結果に大きな影響を与えます。

たとえば、各球団が優勝を目指してリーグ戦を戦うプロ野球のペナントレースを思い浮かべてください。

毎年開幕前に評論家が順位を予想しますが、的中することはほとんどありません。プロ同士の戦いですから、明確な実力差はそれほどないからです。

そして、上位の球団は連勝を重ねるのに、下位は連敗が続きます。これは戦力の差ではなくチームのモチベーションが影響しているからです。

連勝を続けていると、選手たちは「また勝てるのではないか。優勝できるのではないか」

と感じ、ますますモチベーションが上がって力が湧いてくるのに対し、負け続けると「今年はもうダメだ」とあきらめが生じ、きわどい勝負で踏ん張れなくなるのです。

モチベーションとは、現状維持バイアスの壁を越えてストレッチゾーンに居続けようとするエネルギーであると言いかえることができます。高い目標を目指すリーダーは、メンバーのモチベーションを高く保つことも大切な役割の1つです。

モチベーションを上げる5つの行動

メンバーのモチベーションを高めてチームをやる気にさせるために、リーダーがやるべきことは5つあります。

（1）メンバーをほめる

リーダーからほめられてテンションの上がらないメンバーはいません。

ほめられても表面上はあまり嬉しそうにしていない場合もありますが、照れているだけで内心は喜んでいるはずです。

メンバーのミスばかりが目についても、叱ってばかりではいけません。**リーダーは常に**

メンバーのほめるところを探し、小さなことでもほめるように心がけてください。

人の脳には常時、五感から収集された膨大な量の情報が入ってきますが、その情報をすべて処理しようとすると頭がパンクしてしまうので、脳幹網様体賦活系といわれる部分が必要な情報以外をシャットアウトして情報量をコントロールしています。

メンバーのミスを見つけようとするとミスばかりが目につきます。ほめるところはないか、手柄を見つけよう、とアンテナを張っていれば、手柄ばかりが目につくようになります。

（2）メンバーを叱る

人は叱られたときにも興奮し、テンションが上がります。

脳には快楽を求める習性（ほめられたい）とともに、不快を回避しよう（叱られたくない）と考える働きがあるからです。

メンバーが怠けているときやリーダーの指示を守らないときには毅然と叱る必要があります。チームのためにならないような態度をとっているのに、リーダーがこれを黙認してしまうと、他のメンバーのモチベーションまで下げてしまいます。

叱ることができないリーダーはメンバーを目標達成に導けません。

ただし、叱り方には工夫が必要です。

まずは、ほめてから叱ることです。

人はいきなり叱られると萎縮してしまったり、反発する感情が出たりします。できたことをほめたり労をねぎらったりした後に、準備不足や注意不足、確認不足で招いた失敗を叱ってください。

たとえば、「君には、チームで一番緻密な頭と粘り強さがあるから経理をまかせていたのに、今回の単純な計算ミスはどうしたことだ！」とか、「いつも誰よりも早く出社して勉強をしているのはえらいと思う。しかし、今回のミスは絶対あってはならない！」など、相手のことをまずは認めてから叱るようにするのです。

叱った後に「本当に君には期待していまの役割を与えているのだから、ぜひこのミスを挽回してくれ」などと期待を伝えると、さらにモチベーションを高めることができます。

次に、厳しく叱ることです。

叱り方が中途半端ではだめで、叱るときはメンバーがその場に立っていられないくらい全力で叱ってください。特に、メンバーが手を抜いたときなどに叱り方が甘いとリーダーがなめられてしまいます。

稲盛氏が「**両極端をあわせ持つ**」と表現するように、父親のような冷徹なまでの厳しさと、母親のような愛で包み込む優しさを使い分ける必要があるのです。


そして、ほめると叱るの割合にも注意してください。

ほめられた快楽の刺激より、叱られたという不快の刺激のほうが、脳に与える即効性があるのですが、不快の刺激を使いすぎるとメンバーのやる気を失わせる恐れがあります。

ほめると叱るの最適な割合については諸説ありますが、二宮尊徳の「可愛くば、五つ教えて三つほめ、二つ叱ってよき人とせよ」という言葉はとても参考になります。「たくさんほめて、たまに叱る」を実践してみてください。

（3）成長を実感させる

人には必ず成長したいという欲求があります。

自分は確かに成長していると実感できるとモチベーションが上がるだけでなく、自信を持てるようになるので、ストレッチゾーンにとどまり、いままで以上のパフォーマンスを発揮して成長が加速します。ですから、リーダーはメンバーに成長していることを実感してもらう必要があります。

具体的にはメンバーへ成長したことのフィードバックを心がけます。**常にメンバーが以前より成長したところがないかを探し、成長した点を見つけたらすかさずメンバーに伝えます。**

たとえば、自社セミナーの集客目標が30人だったのに、実際にはお客様が20人しか集まらなかった場合に、「どうして30人集められなかったんだ！」ではなく、「目標には届かなかったけど、前回は10人しか集まらなかったのだから、２倍になったじゃないか！」と伝えるのです。

メンバーに成長を実感してもらうためには、たくさんの成功体験を積んでもらうことが早道です。

そのためには、メンバーにいきなり高いハードルや時間のかかる課題を与えるのではなく、比較的簡単に、短い時間でクリアすることができる課題を与えます。

たとえば、「今月は１００人と名刺交換をしよう」といった中間目標ではなく、「今晩のパーティーでは５人と名刺交換をしよう」といったアクションプランを与えてください。

時間のかかる大きな課題を与えるより、時間のかからない小さな課題を与えたほうが、たくさんの成功体験を積むことができ、ほめる回数も増やすことができます。

ただし、あまりにも簡単すぎる課題は、クリアしてもメンバーは成功体験だと感じませんので、適度に負荷のかかる課題となるようコントロールしてください。


また、**メンバーに成功体験を積ませるためには、「最初は手厚く、慣れたら任せる」が基本**になります。


メンバーの経験が浅いうちは、やり方を細かく指示し、ひんぱんにチェックするなどリーダーがメンバーを手厚く見守ってあげなければなりません。

しかし、メンバーが経験を積み、要領を飲み込んできたら細かいことまでリーダーが口出ししてはいけません。メンバーから「監視されている」「任されていない」と思われると逆効果になってしまうからです。

(4) チームの一体感を演出する

チームがモチベーションを高く保つためには、リーダーがチームの一体感を演出するのも効果的です。

チームスポーツでいえば、おそろいのユニフォームを用意するのが典型例ですが、仕事上のチームでもいろいろな演出が可能です。

たとえば、「中間目標を達成した」「メンバーの一人が初めて契約を獲得した」などを理由にして日々苦労をともにしている仲間同士で祝杯をあげれば、チームの一体感はおのずと高まります。

また、ちょっとずるい方法ですが、共通の敵がいるとチームの結束力は高まります。

「となりの営業部には絶対に負けないように頑張ろう！」「目標をクリアして、社長に金一封を出してもらおう！」「ライバル会社よりいい商品を開発しよう！」といった声がけも、仲間意識を上げる効果があります。

(5) 笑顔を絶やさない

とても単純なことですが、リーダーが楽しそうだとメンバーのテンションは上がります。

リーダーは苦しいときやうまくいかないときも笑顔を忘れずに、常に前向きに目標達成を目指している姿をメンバーに見せてください。

この5つを常に心がけることができれば、チームを目標達成に導く理想のリーダーになれることは間違いありません。

おわりに

私がこれまでに学び、実践し、そして多くの人を成功に導いてきた「目標達成メソッド」のすべてを、余すことなくお伝えしました。

最初はうまくいかなくても、本書のメソッドを繰り返しているうちに、以前には考えられなかった目標がいつの間にか手に届くところにあると実感してもらえるはずです。

しかし、目標は達成した瞬間が一番の喜びではありません。**自分の可能性に気づき、次の目標を考えてワクワクしているときこそ、最高に楽しい瞬間**なのです。

ストレッチゾーンで過ごす充実感は、他には代え難く、一度経験するとあと戻りができません。挑戦を続けている限り、人は成長し、たとえ失敗しても後悔しません。

バブル経済の崩壊以降、わが国には閉塞感が充満しています。人口が減少し、財政が破綻しかかっているにもかかわらず、現状維持バイアスを越えられずコンフォートゾーンで問題を先送りしているのが現在の日本の姿です。

しかし、私たちには無限の可能性があります。

一人でも多くの人にストレッチゾーンで挑戦することの素晴らしさを伝えることが、この国を再生させ、自信を取り戻すきっかけになるのではないかという思いが、本書を出版するきっかけになりました。

新しい時代「令和」が、素晴らしい時代になることを切に願っています。

私は未来創造コンサルティンググループの代表として、みなさまにストレッチゾーンの素晴らしさを伝え、目標達成のお手伝いをさせていただいています。

一緒に目標を作ってワクワクする勉強会が多数ありますから、興味がありましたらホームページをご覧になってください。

【未来創造コンサルティング】 https://mirai-consul.jp/

【S70's 同世代経営者勉強会】 https://s70s.net/

最後に、この本の出版に関わってくださった、たくさんの方に心から感謝します。

私にリーダーシップと目標達成の基本を教えてくださった稲盛和夫塾長、目標達成の心理学的アプローチを論理的に教えてくださった日本経営心理士協会の藤田耕司代表理事、高い目標を次々とクリアして手本を見せてくださる先輩経営者たち、私に出版のきっかけをくださったネクストサービスの松尾昭仁社長、企画から執筆まで温かくご指導いただいた日本実業出版社の安村純部長、そして執筆に専念する環境を与えてくれた職場の仲間と家族。誰一人欠けてもこの本を書き上げることはできませんでした。

本当にありがとうございました。

三谷　淳（みたに　じゅん）
未来創造弁護士法人代表弁護士。慶應義塾大学法学部３年在学中に司法試験に最年少合格。大手法律事務所に勤務後、2006年に独立する。全国150社以上の顧問弁護士を務め、顧問先企業が続々と上場を果たしていくだけでなく、主催する経営者勉強会【S70's】にはこれまでのべ3000人の経営者が参加した。現在は上場会社の社外取締役や、未来創造税理士法人と未来創造コンサルティングの代表も務め、法律だけでなく多方面から経営者やビジネスマンの目標達成をサポートする。著書に『丸くおさめる交渉術』（すばる舎）、『伸びてる会社の意外な共通点』（合同フォレスト）などがある。

最高《さいこう》の結果《けっか》を出《だ》す　目標達成《もくひょうたっせい》の全技術《ぜんぎじゅつ》

2019年７月10日　初版発行

著　者　三谷　淳
発行者　杉本淳一

発行所　株式会社日本実業出版社　東京都新宿区市谷本村町３－29 〒162-0845
大阪市北区西天満６－８－１ 〒530-0047
編集部 ☎03-3268-5651
営業部 ☎03-3268-5161　振　替　00170-1-25349
https://www.njg.co.jp/

印刷／壮光舎　製本／共栄社

この本の内容についてのお問合せは、書面かFAX（03-3268-0832）にてお願い致します。
落丁・乱丁本は、送料小社負担にて、お取り替え致します。

ISBN 978-4-534-05703-7 Printed in JAPAN